社会主义核心价值体系建设
"双百"出版工程

项 目

/ 100位

新中国成立以来感动中国人物/

邓平寿

朱继东/著

★

吉林文史出版社

《100位新中国成立以来感动中国人物》丛书

★★★★★

编 委 会

主 任　　何建明　蒋建农　高　磊

副主任　　孙云晓　徐　潜　张　克　王尔立

编 委　　王久辛　杨大群　黄晓萍　申　剑

　　　　　褚当阳　刘玉民　王小平　相南翔

　　　　　夏冬波　刘忠义　高　飞　陈　方

　　　　　阿勒得尔图　陈富贵

前　言

　　每个人的心中都多少有一点英雄情结，都向往英雄、景仰英雄。也正因此，在中华人民共和国建国六十周年之际，由中央十一部委联合组织开展的"100位为新中国成立作出突出贡献的英雄模范人物和100位新中国成立以来感动中国人物"的评选活动中，群众参与投票总数近一亿。这其中的每一张选票，都表达了人们对英雄模范的崇敬之情，寄托着对伟大祖国的美好祝福。

　　一个民族不能没有英雄，否则这个民族就不会强大。当国家危难之时，懦弱者选择了逃避、妥协甚至投降，英雄们却挺身而出，用热血捍卫民族的尊严，人民的幸福。在创立和建设新中国的伟大历程中，涌现出无数可歌可泣的英雄模范人物。他们之中，有为了民族独立和人民解放而英勇牺牲的革命先烈，有为了党和人民的事业而不懈奋斗的优秀共产党员，有在全民族抗战中顽强奋战、为国捐躯的爱国将士，有英勇杀敌的战斗英雄和革命群众，有积极从事进步活动的著名民主爱国人士和国际友人……他们是民族的脊梁、祖国的骄傲，是激励全体人民团结奋斗的精神力量。

　　《100位新中国成立以来感动中国人物》丛书，就像一部星光璀璨的英雄谱，真实、完整地记录了英雄模范人物不平凡的一生，再现了他们非凡的人格魅力和精神世界。舍身堵枪眼的黄继光，拼命也要拿下大油田的王进喜，中国原子弹之父邓稼先，新时期领导干部的楷模孔繁森……一串串闪光的名字，一个个动人的故事，犹如群星闪烁，光耀中华。

　　当今中国正处于伟大变革的时代，迫切需要涌现出一大批勇于承担历史使命、为祖国和人民奉献一切的先进人物。在"双百"人物崇高精神的引领下，在建设社会主义现代化国家的征程中，必将英雄辈出。

生平简介

邓平寿（1956—2007），男，汉族，中共党员，原重庆市梁平县虎城镇党委书记，被誉为乡镇党委书记的楷模，基层干部的好榜样。

1956年出生于四川省梁平县（今重庆市梁平县）原虎城乡上丰村。1971年8月初中毕业后务农，其后到生产队的面房加工挂面，并负责账务。1975年8月8日加入中国共产党。1976年11月至1978年4月，在县基本路线教育工作团工作，后在工作团任组长。1978年4月至1981年，在原虎城区波漩公社任团委书记。1981年至1989年11月23日，任原波漩乡乡长。1989年11月至1992年11月，在原虎城区楚家乡任党委书记兼乡长。1992年11月至1998年10月，任虎城镇党委副书记、镇长。1998年10月至2007年2月，任虎城镇党委书记。

2007年1月14日，正在乡下奔忙的邓平寿突然腹痛如绞、全身乏力，被送进医院。2月1日凌晨，他身患急性坏死性胰腺炎经抢救无效离开了人世，年仅51岁。

一直扎根基层、全心服务群众的邓平寿带领干部群众把虎城从一个山区穷镇变成远近闻名的富镇，被老百姓亲切地称为"泥脚书记"、"田坎书记"、"草鞋书记"、"挎包书记"。他积劳成疾去世的噩耗传出，上万名村民自发赶来，捧着他的照片，伫立在雨中为自己心中的好书记送行。

邓平寿的感人事迹作为"时代先锋"重大先进典型被全国多家媒体先后报道，在全国掀起了一个学习邓平寿的热潮。

2007年3月，中共重庆市委追授邓平寿重庆市"优秀共产党员"称号，号召广大党员干部向邓平寿同志学习。2007年6月，重庆市追授邓平寿"重庆直辖十年建设功臣"荣誉称号。2007年7月，被追授为全国优秀共产党员，中共中央组织部、中共中央宣传部发出通知，要求广泛开展向邓平寿同志学习的活动。

2009年，邓平寿入选"100位新中国成立以来感动中国人物"。

邓平寿的事迹得到了中央领导的高度赞扬，习近平同志称"邓平寿同志是新形势下基层干部的杰出典型，是新时期共产党员的优秀楷模。"要求"广大党员特别是各级领导干部要以邓平寿同志为榜样，坚持权为民所用，情为民所系，利为民所谋，高度关注民生，深入了解民生，切实保障民生，努力实现好、维护好、发展好最广大人民的根本利益"。曾庆红同志指出："党的事业呼唤千千万万个邓平寿这样的干部，人民群众需要千千万万个邓平寿这样的干部。"

1956-2007
[DENGPINGSHOU]

◀ 邓平寿

目 录 MULU

从农民的儿子到虎城镇长

拿破仑有一句名言："人，是从苦难中滋长起来的。"正如我们常说的"苦难是人生的一笔财富"，对这些激励人们在逆境中奋进的话，那些逆来顺受的人会觉得不切实际，但真正不怕苦、有志向的人却会从中深深受益，使苦难真的变成了一笔伟大的财富。但是，苦难变成财富是有条件的，只有当你战胜了苦难时，它才是你的财富；如果让苦难战胜了你，它就是你的屈辱。邓平寿的青少年时代就印证了这句话，他战胜了苦难，把苦难变成了财富。

➡ 农家少年

★★★★★

1956 年 1 月 29 日，农历 1955 年的腊月十七，四川省梁平县（今重庆市梁平县）原虎城乡上丰村的一个普通农民家中，快到了过年的日子，在全年期盼新年的喜庆气氛中，随着一个婴儿响亮的啼哭声，一个男孩诞生了。虽然当时家里生活条件不宽裕甚至比较困难，增加了一张嘴吃饭又带来几分负担，但看到是一个儿子，老实巴交的父亲邓太首、母亲邓太月仍然很高兴，那是一种难以言表、无法掩饰的开心。这个孩子排行老四，家里人给他起名叫平寿，希望在这个困难年代出生的孩子能平安、长寿。

虎城镇位于梁平县西北部，距县城 67 公里，梁平、达县、大竹三县在此地交界，该镇东接梁平县龙胜乡、袁驿镇，南临梁平县碧山镇、大竹县石桥镇，西抵达县南岳镇，北至梁平县竹山镇、达县黄庭乡。全镇总面积 78 平方公里，总计人口 4.2 万人。虎城是一个有着"英雄的土地、勤劳的人民、厚重的文化、秀丽的风景"的好地方，这里是 1928 年建立的川东第一块红色根据地——"虎南大"（梁平县虎城乡、达县南岳乡、达县大树乡）革命根据地的中心，有着优秀的革命传统，是一块英雄辈出的红色热土。梁山（今梁平县）中心县委机关最早就设在虎城镇沙石村水井湾，辖达县、开江、大竹、宣汉、万源等县。四川红军第三路游击队也诞生于此地，并在此留下许多可歌可泣的战斗故事和英雄事迹。

虎城镇最早是在民国初期设置，1941 年改名为虎城乡，1958 年改称公社，1983 年复置为乡，1992 年再建镇。在虎城的中部有一块拔地而起的台地，翠竹、绿树掩映中是重庆市第一大寨——猫儿寨，那是一座天然石寨，东看似猫似虎，雄踞虎城，历来是一个易守难攻的兵家必争之地。在猫儿寨的东北方向，有一个山村叫上丰村，虽然风景秀丽但交通不便，邓平寿的家就在这个村子里。

邓平寿 3 岁的时候，正赶上 1959 年至 1961 年的三年困难时期，农业生产遭遇很大困难，这无论是对个人还是对整个国家和民族来说都是巨大的不幸。邓平寿的父亲被安排到外地干活，母亲只得带着几个孩子在家做点家务艰难度日，每顿只有一两八钱定量的饭让母子常常无法填饱肚子，日子过得实在艰苦。无奈之下，邓平寿只好和哥哥、姐姐抽空去挖野菜填充肚子，不忍心看着孩子们挨饿，母亲就违背生产队里再三强调的纪律，私自炒菜给几个孩子吃。但没想到的是，有一次，一盆野菜刚刚炒好，饥饿难忍的邓平寿急忙伸筷去夹菜。不巧正被一名原则性极强的生产队干部看到了这一幕，他走过来将装菜的木盆连同野菜一起甩出老远，饥肠辘辘的邓平寿只得望着被扔到一边的木盆号啕大哭。多少年后，回忆起这件事，邓平寿依然记忆犹新，生活的艰辛成了儿时最大的记忆，也成为他的成长之路的一笔财富。

1962 年 9 月，邓平寿进入上丰村小学成为一名小学生，后来转入虎城乡中心小学。在邓平寿 10 岁那年，家里喂了一只老母鸡，生下的鸡蛋通常是用来给家里的顶梁柱补充营养的，所以邓平寿的母亲自己也不舍得吃。但母亲考虑到邓平寿正在读书，需要营养才能更聪明，偶尔也会煮上个让他补充营养。邓平寿有个外甥叫杨武太，和邓平寿年龄相差不了几岁，看到舅舅吃鸡蛋，他心里也想吃。于是，母亲偶尔也煮两个叫平寿送到杨武

△ 邓平寿的老母亲和痴呆哥哥坐在家里简陋的厅堂里（摄影 朱继东）

太读书的小学去。听话的邓平寿总会按照母亲的要求先给外甥送去后再回到上丰村小学去读书。有一次，武太到外婆家，吃鸡蛋了，他吃得特别快，又特别要强，吃完后又去抢舅舅邓平寿手中的那个。邓平寿躲，小武太就不示弱地一直追着抢，邓平寿只好把自己的鸡蛋让给了外甥。母亲看在眼里疼在心上，以后每次煮鸡蛋时干脆就煮3个，武太2个，平寿1个，这样两个孩子才不会争抢，邓平寿也能吃到鸡蛋了。后来，邓平寿知道当时母亲根本不舍得吃一个鸡蛋，从这样的小事中更深刻地理解了母爱。

邓平寿的两个姐姐出嫁很早，哥哥4岁时突然"抽风"成了痴呆儿，他小小年纪就挑起了家庭的重担，替父母分担家里的困难。12岁那年，生产队里分粮食，他提着口袋跟着爸爸一起去领粮食。看着队里的人都陆续走了，他心里在犯嘀咕："怎么没我们家的？"过了一会儿，人都走完了，队长才对着邓平寿父子喊叫道："邓太首，这堆是你的，把剩下的灰灰一起抹起，免得明天扫地坝。"邓平寿听着、看着，心里多了几分酸楚。这也是他日后特别关心贫困家庭，努力公平地对待每一个人的重要原因之一。

1968年9月，邓平寿考入虎城镇中学读初中，成为一名中学生。由于读书刻苦，学习好，他被选为班上的班长。每天一大早起来，他就帮母亲把猪草背到食品站去卖了，再到学校读书。有时卖的钱比较多，母亲就给5分钱叫他去买本子和笔，余下的钱存起来作为他读书的学费。

但就在第二学期刚开始，母亲的右手受伤了，不能干活，家里的收入也就没有了，为了分担家里的负担，小小年纪的邓平寿就悄悄旷课回到家里帮助母亲干活。一个星期过后回到学校，不了解具体情况的老师狠狠地批评了他："你一个班长旷课一个星期，不想读就算了。"邓平寿虽然委屈，但没有说什么，而是更努力地读书。

尽管邓平寿初中三年一直学习努力，并且成绩一直很好，但由于家庭贫困和社会的条件所限，他1971年8月初中毕业后就务农了。老师为了能让这位好学生继续上学专门上门做工作，并且认为他继续上高中一定能学习好，但懂事的邓平寿还是毅然决定留在家里帮助父母分担困难。这是他人生的一大遗憾，也是他后来特别热爱学习、珍惜每一次学习机会的重要原因。

→ 乡村锻炼

★★★★★

回到家里，邓平寿到生产队和大人们一起干农活。由于人小，队里只给他记3分，其他大人都记8分。尽管如此，他在干活时却从不偷懒，别人干活的时候他在干，别人休息时他仍继续干，就这样，一天下来，邓平寿干的活比大人都多，挖土方的数量总是高于别人。队长毛本立看了之后，对邓平寿很看重，两天之后，他的工分和大人一样，也记8分。一个小孩子拿的工分竟然和大人一样，邓平寿在全生产队是第一，也因此赢得了乡亲们的信任和赞赏。

因为邓平寿是全生产队里最勤快、最热心的小伙子，经常帮助队里的老人做事，有时帮着端水递茶，有时帮老人挑重物，有时帮老人们干家务……久而久之，老人们都很喜欢他。一天，他给本村的唐学凤端水去，唐学凤半开玩笑似的说："平寿，你恁个勤快，我给你说个媒。"当时，把个小邓羞得脸通红。没想到，过了几天，唐学凤真的带着邓平寿去相亲了。但邓家的家庭条件远不及唐家，这是明摆着的事实，能成功吗？邓平寿有点茫然。听媒人一介绍家庭情况，唐有清的父亲就直摇头。不过，当媒人介绍到邓平寿为人忠厚老实、踏实肯干时。他才稍微点了点头，勉强答应了这门亲事。

当时，波漩乡电影院正在播放《梁山伯与祝英台》这部电影，非常好看。唐有清一直想去看一看。一打听，邓平寿在收票，心想邓平寿是她的未婚男友，他应该网开一面。可到电影院门口时，邓平寿却铁面无私："把票拿出来，不拿票就是不准进去。"唐有清心里凉了半截："这个人啷个这么正直哟！"十几年过去了，唐有清时常回想起当初看电影的事。"电影票1角钱，我没买，就装着不认识我了，好正直、好守原则哟！""是嘞，是要讲原则嘞。"邓平寿满脸微笑地回答，而这种坚持原则的做法在他的人生岁月里一直没有改变。

当时，生产队里的面房一直不景气，大队要求培养年轻的后备干部。由于邓平寿文化比较高，加上做事踏实、为人耿直，大队书记滕宗祥、副书记邓广亮都推荐他到面房管账。邓平寿来到生产队的面房加工挂面，并负责账务，初步展露出他的才能。在面房里，首先要挑麦子到施家河去打灰面，然后回来和面，再经过很多道工序才能做成面条。做面的机器是靠人力转动的，几天下来，邓平寿的双手打起了血泡，母亲看到邓平寿的双手，伤心地劝道："别去了，回来！"邓平寿不同意，他说："队里相信我，我一定把它干好。"

换面也不是一件容易的事。一次，邓平寿挑到半边山去换，由于回来较晚，加上天气炎热，走到半路，他再也没力气走了，只好坐在那里歇了个把小时才慢慢地走回来。在换面时，也时常遇到穷的人家，邓平寿就把面赊给他们，有些人家穷拿不出面来，邓平寿也不好去催收，只好自己帮着垫付了。仅开始这一年，邓平寿就赔了50多斤面。

一年下来，生产队里人对邓平寿评价很高，都说他做的面很好吃。很多人到面房里来拿面，挑出去也换得快。由于技术好，产量高，别人100斤小麦只能做85斤面，而他却能做出85.5斤面。面对这一切，邓广亮由衷地称赞说："他的面房管得好，小事上也显示了英雄本色！"

1975年，上级领导来面房查看，听说邓平寿的面房管得好，就点名要见邓平寿。领导一看年轻的邓平寿双手老茧，知道他是一个肯干的人。和他聊了几句之后，更觉得他是一个善于动脑筋、特别上进的好苗子，于是就要求对他进行重点培养。在一份写于 1977 年 11 月 27 日的《关于对邓平寿同志选干的调查报告》中有这样的记录：1975 年，邓平寿带领生产队的广大群众大搞科学种田，试验小麦亩产达 500 斤，在生产队面房工作后，群众说："我们这个面房换了几个人都没搞好，只有邓平寿把它管好了。"不怕吃苦、任劳任怨的邓平寿用自己的苦干赢得了大家认可，这份调查报告就是对邓平寿优秀品质的首肯。

→ 乡镇干部

★★★★★

"革命理想高于天"，党的奋斗历史告诉我们，理想信念不能丢，丢了就不是共产党人。对马克思主义的信仰，对社会主义和共产主义的信念，始终是共产党人的政治灵魂，是共产党人经受住任何考验的精神支柱。在那红色的年代，邓平寿一直把成为一名光荣的中国共产党党员作为自己的人生追求。1975 年 8 月 8 日，是邓平寿一辈子都不会忘记的日子，这一天他终于如愿加入中国共产党，成为一名光荣的中国共产党党员，这一天他格外激动和兴奋。在《入党志愿书》中，邓平寿有这样一段朴实的话："我入党以后，要积极参加党的各项工作，积极参加党组织的一切活动，按时交纳党费，经常开展批评与自我批评，保持优良作风，去掉不良作风，有事同群众商量，密切联系群众，经常听取群众意见。我一定要向刘胡兰、杨子荣等英雄学习，学习他们专拣重担挑在肩，一不怕苦二不怕死的彻底革命精神。我要求入党，不是为了名誉好听，不是为了给人民当老爷，而是为了把自己的一切交给党安排，党叫我干啥就干啥，做一颗永不生锈的螺丝钉，为实现共产主义而努力奋斗。"这确实是他的心里话，尤其是"我要求入党，不是为了名誉好听，不是为了给人民当老爷，而是为了把自己的一切交给党，党叫我干啥就干啥，做一颗永不生锈的螺丝钉"，这句话可谓是他人生的信条，他用自己的一生实现着自己对党的承诺。

1976 年 11 月 15 日，由于踏实、肯干，邓平寿被推荐调到梁平县基本路线教育工作团工作。他当时在新盛、柏家、福禄一带工作，一次在一个姓黄的农民家里吃饭，为他辛苦所感动的主人将鸡蛋煎好后放在他吃的那碗饭的下面，邓平寿发现后，没有直接拒绝，而是背着主人家，又悄悄将鸡蛋夹给一旁的主人家的孩子，让孩子吃了。由于工作成绩突出，他后来被任命为工作团的组长。1978 年 4 月 1 日，他被分配到原虎城区波漩公社任团委书记。

上任波漩公社做团委书记那一年，邓平寿 23 岁，是公社 9 个干部中最年轻的一个。一天，乡党委书记带他到柳坪山上转后，说："小邓，这是我们公社最远、条件最差的一个大队，公社干部都不愿驻这个大队。"邓平寿当即表态："书记，我驻这个大队！"驻队后，邓平寿做的第一件事就是发动群众把上山的土路变成石板路，同时在杨柳、八林两个村汇合处测点修一座大拱桥。上报的修桥计划批准了，上级拨来了补助资金。1980 年 8 月，修桥工程正式启动。邓平寿和石匠一起爬到两公里外的大岩上开山取石。一有空，他不是和工人一起挖基脚，就是帮助工人抬石头，常常汗流浃背。为了让大家干得愉快，干得有劲，邓平寿还编顺口溜教给大家，鼓舞大家的劳动热情。两个月后，石料备齐了，就下河掏基下脚。邓平寿只要到了工地，总要叮嘱大家一定要注意安全，并且自己也要加入到建桥的队伍中去。工人师傅笑他说："你哪像工作同志，倒像个农民！"邓平寿笑笑说："我本来就是农民出生嘛！"经过四个月的艰苦奋斗，长 10 多米、宽 6 米的杨柳桥竣工了。老百姓出行方便了，过河安全了，他们对邓平寿赞不绝口。

△ 邓平寿的标准像

1981年，邓平寿出任原波漩乡乡长。一个没有任何家庭背景的农村孩子竟然当上了乡长，邓平寿和父母都非常开心，从内心深处对党充满感激。同时，他也深知乡镇工作的重要性，知道乡镇干部是党和政府密切联系群众的重要纽带和桥梁，一言一行都代表着党和政府的形象。斯大林有一句名言："在制定了经过实践检验的正确的政治路线以后，党的干部就成为党的领导和国家领导的决定力量。"邓平寿十分认可这句话，不仅把这句话记在日记本上，更牢记在心里。他下决心一定要把工作干好，并且要以身作则带动其他干部，带出一支作风优良、吃苦能干、甘于奉献、思路开阔的优秀乡镇干部队伍。在波漩乡乡长的任上，邓平寿一直干到了1989年，不仅他个人工作业绩每年都很突出，全乡的干部也都深受好评。在一份写于1983年3月24日的《关于邓平寿提任职务的考察报告》中，有这样的记录："该人在管计划生育工作时，多数时间就在各大队与计划生育干事一起工作，走到哪里就在哪里住，计划生育抓得好……作风正派，不谋私利，不搞歪门邪道。"并且，他无论到哪里工作都一身正气，永远不变。

1989年11月23日，他被调任到原虎城区楚家乡任党委书记兼乡长。1992年11月8日，他被任命为虎城镇党委副书记、镇长，也从此再也没有离开虎城镇。从一个普通的农家子弟成长为一个非常重要乡镇的镇长，他的人生从此揭开了崭新的一页。邓平寿觉得自己非常幸运，也感到肩上沉甸甸的压力。

一辈子都在努力学习的好干部

《论语》开篇第一句话是"学而时习之，不亦说乎"，这也是邓平寿很喜欢的一句话，他一直认为自己读书太少，所以对一切学习的机会都不放过。在重庆市农业广播电视学校梁平分校虎城教学班1996级"现代乡村综合管理"学员学籍卡上，清楚地填写着邓平寿14门课程的成绩，总分1169分，平均每科成绩83.7分。这1169分，每一分都记录着邓平寿为充实自己而学，为乡亲父老而学，为改变家乡面貌而用，为虎城发展而用的刻苦学习精神和百姓情结。

➜ 模范学员

★★★★★

1996年春，梁平县委县府决定在虎城镇举办首批村社干部中专班。时任镇长的邓平寿心想：自己土生土长在虎城，虽然年岁四十有余，但在那以毛主席语录为课本的年代里，仅在本地读了初中就回家务农了。1976年脱产当乡团干部以来，由于文化知识不多，理解政策不深，掌握市场经济信息不准，常常想为群众办好事，却有时事与愿违。特别是1994年硬分桔梗栽培任务，虽然丰收了，却无单位收购，给全镇种植户造成了很大的经济损失，为此，他一直深感内疚。他一直想去读书充实、提高自己，但却由于工作繁忙无法脱身，现在，中专班办在了家门口，而且所开学科包括政治、经济、文化、技术、管理五大类，这对提高自己的思想政治水平、政策管理水平、科技文化素质、指导工作能力以及带领乡亲们发展农村经济都十分有利，真是千载难逢的好机遇。于是，邓平寿率先报了名，成为虎城第一个中专班的第一名学员。

　　毕竟年岁不饶人。已经40来岁的邓平寿记忆力比起二三十岁的年轻小伙儿来相差很大。再加上身为四万多人大镇的"一把手"，他既要管全面，又要驻村，还要接待来访，帮助群众排忧解难；作为六口之家的"顶梁柱"，上有近80岁的老母亲，中间有未成家的傻哥哥，下有在校读书的小女儿，家中四个人的承包地也需要他回去耕作……知道邓平寿是位大忙人，不少人认为他只是拿个文凭，不会认真去上课。而且，镇里有了解他的同志就劝他当个编外学员，不用那么辛苦地去上课，买套教材抽空看看，到时候参加考试就行了。但是，邓平寿却不想错过这么好的学习机会，不仅坚持要当编内学员，而且坚持参加面授听课，每堂课都很认真、全身心投入。

为了保证面授时间，他在镇里强调学习日尽可能不要安排会议，让中专班学员安心听课，自己也好有时间参加学习。有时因学习耽搁了工作，他晚上就加班加点补课，经常工作学习到深夜。1997年4月的一个晚上，已经是10点多钟了，天下着大雨，邓平寿和其他同志还在离镇十来里的高板桥收双线工程集资款，女儿在电话里生气地责备说："爸爸，别人都在家睡觉了，你还在村里，不怕累垮身体吗？"在场的干部都笑道："女儿管起老子来了！"邓平寿自我解嘲道："只怪我白天听课没时间来，只好利用晚上的时间，连累了大家！对不起啊！"

　　每次参加面授听课，邓平寿总是像一个孜孜不倦、如饥似渴的小学生

△ 邓平寿留下来的几十本工作笔记（摄影 朱继东）

一样专心听讲、认真做笔记，有不明白的就抓紧时间请教老师，每次都保质保量完成作业。有一次他因公出差，没有参加面授，后来就主动请老师补课，虚心求教，不耻下问。一次，他下村时胃病犯了，疼痛难忍，同事们把他送进医院，医生叫他住院治疗，可第二天要上《乡村管理》的课，他早就想听听、学学，并且心中还有好多问题要向老师请教。于是，他不顾医生劝阻，没等液输完，拔掉针头，就到教室听课。下午胃病再次复发，由于疼得厉害，他握笔的手颤抖不止，豆大的汗珠直往外渗，很快就把笔记本弄湿了，教师和学员都劝他休息，他坚决谢绝了，直到听完课才重新回到医院，躺在病床上继续看听课笔记。一直到现在，重庆市农业广播电视学校的很多老师都知道邓平寿，称他是少有的模范学员，都拿他认真学习的听课典范激励每一届新学员。

→ "钉子"精神

★★★★★

雷锋一直是邓平寿多年来的学习榜样。当雷锋听到有的同志说工作这样忙，实在没有时间学习时，他便根据自己的学习体会，在日记中写下了这样一段话："有些人说工作忙，没有时间学习。我认为问题不在工作忙，而在于你愿不愿意学习，会不会挤时间。要学习的时间是有的，问题是我们善不善于挤，愿不愿意钻。一块好好的木板，上面一个眼也没有，但钉子为什么能钉进去呢? 这就是靠压力硬挤进去的，硬钻进去的。由此看来，钉子有两个好处：一个是挤劲，一个是钻劲，我们在学习上，也要提倡这种'钉子'精神，善于挤和善于钻。"这就是人们广为称道的雷锋刻苦学习的"钉子"精神，而这种"钉子"精神在邓平寿身上也体现得最为明显，他想尽一切办法去多挤出一些时间学习，并常用鲁迅先生那句"时间就像海绵里的水，只要愿意挤，总还是有的"来激励自己。即使是进城开会或下村，邓平寿的口袋里也总是装着书本，休息时就一头扎进书海，如饥似渴地钻研；平日里，多少个夜深人静的夜晚，他都在孜孜不倦地埋头苦读。培训期间，他写了5万多字的读书笔记，用完了22个16开的作业本。

功夫不负有心人，邓平寿以惊人的毅力，合理安排时间，顽强地坚持学习，终于以优异的成绩圆满完成学业，成为虎城第一个中专班的一名优秀学员。他认真学习的态度也感动了同班其他学员，不少人对他的态度从最初的怀疑变成发自内心的敬佩。不少人问他在镇党委书记这么重

△ 邓平寿办公室里被村民们磨破、发白的沙发（摄影 朱继东）

要的领导岗位上，怎么能把工作和学习处理得这么好，他憨厚地笑了笑："也没啥，就是向雷锋学习，学习他的'钉子'精神！"在他的带动下，全镇53名学员都坚持完成了学业。其中，清滩村支部书记、比邓平寿大两岁的胡方建，通过学习，在村里发展起了养鱼、种柚等产业，每年人均纯收入达3000多元，成为学员中表现很突出的一位。

毛泽东同志在延安的一次演讲中指出，有了学问，好比站在山上，可以看到很远很远的东西；没有学问，如在暗沟里走路，摸索不着，那会苦煞人。邓平寿将刻苦学习的"钉子"精神发挥得淋漓尽致。1997年春，他抓住有老师可以请教的好机会，利用工作、学习之余，将自学的高效省力"蚕台养蚕"技术在家中教爱人试验，科学养蚕的结果使得春蚕省力50%、增产14%，他所在村组的群众纷纷到他家参观学习。邓平寿因势利导，组织全镇村组干部和养蚕大户在他家所在的上丰村二组召开现场会，鼓舞了群众发展蚕桑生产的积极性。在他的带动下，1998年全镇蚕农达到4000多户，养蚕10000多张，比1997年增收40多万元，产值占全县的一半，虎城镇被列为重庆市蚕桑生产基地。

→ 学以致用

★★★★★

学习的本质是人对客观世界固有的客观规律的认识和把握，善于学习、学以致用是中国共产党经久不衰、永葆活力的关键。早在延安时期，中国共产党就强调学习的目的是为了应用，正如毛泽东同志在延安整风时所提出的，精通马克思主义的理论，"目的全在于应用"。通过不断的学习、进修，邓平寿进一步提高了政治、管理水平和文化、科学素质，胸怀更开阔了，眼光更远大了，头脑更清醒了，并把学到的知识很好地应用到工作中来，工作也干得越来越出色。在他的带领下，虎城镇形成了"三化一改一游一创"的工作新思路。虽然工作越来越忙，但他学习的步子并没停，学习的干劲没减。在他那看起来很简陋与陈旧的办公室书架上除了《毛泽东选集》、《公务员能力建设》等政治书籍外，还摆放着《商品知识》、《我们身边的哲学》和《古今文学名篇》等经济类、管理类、哲学类书籍。他每天的作息时间安排，除了开会、出差，几乎都是白天在村里跑，黄昏时分或者晚上才回来，晚饭后就在办公室读书看报，尤其是《人民日报》《求是》、《重庆日报》等党报党刊，几乎每天都看。在邓平寿不大的办公桌上，我们找出了40多个记得密密麻麻的笔记本，这里面记录了他从1991年至2006年全部的工作日记。"如何做个执政为民的好官"、"怎样提高党的执政能力"等等，在这些日记里，几乎随处可见邓平寿作为一个镇级党委书记关于人生观和世界观的思考。

邓平寿最喜欢看的是《毛泽东选集》和《人民日报》等领袖书籍和党报党刊，一套像宝贝一样的《毛泽东选集》不知道已经翻读了多少遍，《人民日报》等党报党刊也基本上是每天都看。对于《毛泽东选集》中的《为人民服务》、《纪念白求恩》、《改造我们的学习》、《愚公移山》等经典名篇，他不仅背诵得很熟练，而且学以致用，很好地用来指导自己的工作。他在同干部们谈心的时候多次说："人总是要死的，但死的意义有不同。毛主席说得好，为人民利益而死，就比泰山还重；替法西斯卖力，替剥削人民和压迫人民的人去死，就比鸿毛还轻。张思德同志是为人民利益而死的，他的死是比泰山还要重的。我们共产党干部要向张思德学习，永远牢记为人民服务的根本宗旨！"当有的干部对别人的批评有意见时，他也会搬出毛主席的话："因为我们是为人民服务的，所以，我们如果有缺点，就不怕别人批评指出。不管是什么人，谁向我们指出都行。只要你说得对，我们就改正。"教育所有干部在任何时候都要牢记为人民服务的根本宗旨，要虚心接受别人的批评，要注重接受人民的监督！

邓平寿不仅自己热爱学习，而且鼓励、督促甚至"逼着"镇里的干部们去学习，他常拿毛主席的话"不注重研究现状，不注重研究历史，不注重马克思列宁主义的应用。这些都是极坏的作风。这种作风传播出去，害了我们的许多同志"给大家"施加压力"，为自己增加动力。工作遇到困难时，他会和大家分享《愚公移山》的故事以及毛主席对这个故事的解读，号召大家要有"下定决心，不怕牺牲，排除万难，去争取胜利"的精神，明白这种愚公移山的精神不仅是一种对待物质世界的态度，更是一种"咬定青山不放松"的坚定信仰。而他自己，就是时刻牢记为人民服务的根本宗旨，凭着愚公移山的精神改变了虎城的面貌。

邓平寿不仅通过读报来学习政策、提高修养，更注意通过学习来推动工作。2006年12月21日《人民日报》第四版上刊载了一篇题为《为干事者呼》的评论文章，他读了之后很有感触，并在文中"干部就是要'干事'，就是要以身作则带头干，就是要带领群众干成事。不想干事或不会干事、不能干事的，就不叫干部或不能当干部"、"欲干成事，须勤于学习，善于钻研，尊重科学，尊重规律，把干事的勇气建立在服膺真理、尊崇科学的基础上。这是干事者干事的底气，也是干成事的前提"、"创造干事、干成事的环境，是一项重要的工作，更是领导者的职责。在这种环境里，人人奋勇争先，个个见贤思齐。干事者如鱼得水，处处受到鼓励、呵护，工作积极性将得到极大提高"等好几段文字下用笔画上线，并且专门剪下来贴在自己的笔记本上。不仅自己学习，他还组织全镇干部学习这篇文章，讲到动情处，他手拍着桌子激动地说："干部，干部，就是要干! 不干，你是哪个部? "就是在他的带动下，虎城镇有了一个一个愿干事、能干事、干成事的好环境，大家都为干事者鼓与呼，全镇干部自觉干事、努力干事蔚然成风，干事成了大家人生最大的追求和幸福。

处理亲友的问题更考验一个干部

大公无私是一种境界，但要做到真的很难，尤其是面对亲人的利益。处理亲友的问题的时候，更考验一个干部的素质和党性。而邓平寿却几十年一直坚持做到了大公无私，即使遭到亲友的不解甚至愤恨，也从没有让步一次。

一张存单

在清理邓平寿的遗物时，人们在他的办公桌里发现了一张开户名卢典平的5000元定期存单。因为邓平寿平时很节俭，经常拿自己的工资去帮助、接济别人，大家都知道他没什么存款，所以这张大额存单显得特别显眼。这笔钱究竟是怎么回事？存单背后又有着怎样的故事呢？

卢典平是邓平寿的外甥，在外打工时他超生了一个儿子。虽然他知道计划生育是基本国策，但是觉得自己的舅舅是镇里最大的领导，总会对自己的外甥有所照顾。于是，卢典平2006年回老家的时候就找到舅舅说情，请舅舅看在亲戚的情分上能够网开一面，不交或少交罚款。没想到，他见到舅舅后，刚小心翼翼地将自己的事说了一遍，邓平寿就毫不客气地拒绝了，并被严厉批评了一顿。邓平寿义正词严地对外甥说："从1982年开始，计划生育就被定为我们国家长期坚持的基本国策了，是党中央、国务院的重大决策。我作为党的干部更应该严格要求自己和亲友，带头执行好国家政策，不应该随意超生！如果认我这个当舅舅的，就自己赶紧主动到计生办把钱交清了！"

卢典平见自己找舅舅说情不行，就找自己的母亲——邓平寿的二姐去说情。耐不住儿子软磨硬泡，很少麻烦邓平寿的二姐只好去找弟弟："平寿，你外甥家里很困难，都是自己亲戚。你又主管这项工作，你就多帮忙，看看能不能少交点罚款？"没想到又碰了个钉子，邓平寿还是坚决地回绝了："不行，这不是做买卖，不讲价！"

虽然知道弟弟的脾气，但二姐仍然觉得很生气，就跑到老母亲家去告弟弟的状："这个当弟弟的太不像话了，当了官就六亲不认了！别人家里有个亲戚当官，全家人都占尽了好处。我家有个兄弟当官，却从来没给亲戚朋友什么好处，反而专门拿亲戚开刀。天下哪里有他这么绝情的，我就当没这个兄弟了！"

看着大发脾气的二女儿，邓平寿的老母亲只是安慰，却没有批评儿子半句，因为做母亲的太知道儿子那倔强、耿直的脾气了。

因为这件事，二姐和邓平寿姐弟俩好久没说话，但邓平寿并没有因此而动摇。在邓平寿的一再坚持下，卢典平只好主动到镇计生办交了社会抚养费。因为卢典平当时手头比较紧张，差5000元不够，就只好用定期存单做抵押，邓平寿毫不犹豫地先替外甥垫了钱。

交了钱的当晚，邓平寿又提着东西到二姐家做解释工作。又赔礼又道歉，他好话说了半天，二姐这才勉强消了点气。

没想到的是，就在2006年当年的秋天，邓平寿又惹二姐生气了。当时，镇里电力线路改造需要砍掉邓平寿二姐家的两株柏树，但补偿条件没谈好，二姐死活抱住树不准砍，其他人也没办法。邓平寿知道后，二话没说就跑去把二姐拉开了："你不得了！这地是集体的，给我砍！"看着树被砍了，二姐气愤地指着邓平寿的鼻子骂："你这么绝情，以后甭叫我姐了！"

六亲不认

"为了计划生育，他没少得罪过人，得罪得最多的就是亲戚。我没少受白眼，家里的庄稼、牲畜还经常被别人糟蹋，知道是有的人心怀不满干的也没办法。"作为邓平寿的妻子，唐有清也坦言自己有时候也不理解丈夫，"有时，我觉得他不像个党委书记，倒像个六亲不认的拌蛮匠，让全家人跟着受罪。"

唐有清的弟弟唐有福家境不好，两口子一直在外打工也没挣多少钱。尽管如此，但生儿子传宗接代的观念却一直在两口子的脑海里根深蒂固。2001年，唐有福如愿超生了个儿子，兴冲冲地回家向姐姐报喜，并请姐姐帮他跟姐夫说说情。听后，深知丈夫脾气的唐有清真是又气又急，气的是弟弟怎么这么不争气，急的是不知道该如何向邓平寿说情。

星期五晚上，邓平寿回来了。唐有清小心翼翼地说："平寿，最近工作忙得怎么样？有福是不是去找过你？"没想到话刚开了个头，还没来得及说清楚就被丈夫骂了回来。邓平寿眼睛一瞪说："你想干什么？要想帮他说情是不是？想都不要想！他有本事超生，就有本事交钱！"

铁面无私的邓平寿眼里是容不得半点沙子的，事情的发展可想而知。处罚决定书发到唐有福手中，看到上面2.6万元的巨额数字，全家人都傻了。唐有福非常生气，这个姐夫不仅不帮自己，反而罚款罚这么多，今后的日子可怎么过啊？他把怨气都撒在了姐姐身上：

"从来没有见过这样的姐姐、姐夫，不仅不免除我的罚款，还罚了这么多！今后我也没有这个姐夫了，你也没有我这个弟弟！"从此，唐有福再也不搭理姐姐了，对邓平寿更是满腹怨气甚至怒目而视。看到弟弟如此生气，唐有清也很生气，她是生丈夫的气。她怎么也想不通，自己这么多年为邓家忙里忙外地操劳，没有任何怨言，没求过他邓平寿办一件事，就因为兄弟贫困想说点情，却遭到邓平寿这样的无情拒绝。

唐有清越想越气，觉得邓平寿太绝情了，简直没有一点人情味："我这么多年对邓家没有功劳也有苦劳，你邓平寿简直是一点情分不讲，太让人伤心了！"她觉得应该给丈夫一点"颜色"看看，否则今后在娘家人面前如何抬得起头来。接下来的一个多月，唐有清一直不理睬邓平寿，她真的生气了。

终于有一天，妻子真正理解了邓平寿。唐有福跑来告诉唐有清："姐，今天我到计生办交钱，计生办的说姐夫帮我交了10000元，其中5000元以后还要从姐夫的工资中扣。"听到这些话，唐有清的泪水唰地一下涌了出来，自己认为六亲不认的拌蛮匠丈夫并不是无情无义的人，他只是为了工作才不得不这样。他是在执行政策的时候六亲不认，但对于亲戚的苦难确实尽力帮忙的。唐有清后悔自己误解、错怪了丈夫，毕竟自己作为妻子是最不该误解他的。

也是在2006年，邓平寿的一个侄女卢典珍超生了一个女儿，没有敢来找他说情。邓平寿知道后，立即打电话给侄女要求她赶紧把社会抚养费交了。亲戚们都知道邓平寿，在工作上也没有人拖他的后腿，侄女接到电话就去把社会抚养费一分不少地交了上去。

由于邓平寿对亲戚都做到了一视同仁，虎城镇的计划生育工作搞得有条不紊，在全县一直处于领先位置，多次受到市县有关部门的表彰。

"只要有你们虎城顶着，我们西山片区的计划生育秩序就不会乱。"兄弟乡镇对虎城镇的干部这样说道，大家都说邓平寿为大家树立了一个好榜样。

→ 家徒四壁

☆☆☆☆☆

从事新闻工作这么多年，采访过不少地方，也去过一些党员干部家里。但只有到了邓平寿家里，我才真正对"清贫"这个词有了更真切的认识。邓平寿家里不是一般的清贫，没有像样的家具，也没有什么家电，他爱人唐有清在阁楼上养了一些蚕拿去卖些钱补贴家用……我们一起前去他家中采访的记者们不约而同地想到了一个词"家徒四壁"。用"家徒四壁"来形容邓平寿的家，一点也不过分。

2007年6月，我们中央新闻采访团一行走进这位镇党委书记的家，这些见过一些市面的记者们震撼了：狭小昏暗的堂屋里，一张老式破旧的沙发、两把旧竹椅、一张用了很多年的大方桌和四条长条凳子便是全部摆设，并且这些桌椅还大都是就地取材用木头或竹子自己做的，四条掉了漆的长条凳子起码有几十年的"工龄"；卧室墙上钉着一排钉子挂衣服，挂的却没有一件新衣服，连一件五成新的衣服都没有。一个陈旧的大书架和旁边一张三人座的旧竹沙发显示出主人是个爱读书的人；床上发黄的旧蚊帐不知道用了多少年，并且上面还破了洞被缝补着，床上的被子一看也是用了很多年；蒙着油烟的土灶台上放着锅碗瓢盆，有几个碗还有些破损仍在用，旁边只有简单的油盐酱醋，没有其他调味品……仅有的几件电器是一部21英寸的彩电、一部用了多年的电话和一台为减轻妻子劳累买的洗衣机。如果不是事先知道，我真的无法相信这是一位镇党委书记的家，而是以为到了一个贫困山村的困难家庭。正如时任中宣部新闻局副局长刘汉俊所说："到了邓书记家里，感觉就像走穷亲戚，而且是一家很穷的亲戚，他家的味道刺鼻而亲切……作为一个镇的党委书记，他却悄悄在离家不远的一个没有路的地方永远安息了，默默地注视着正在富裕起来的乡亲们！"

中国古代不少文学作品中都对"清贫"做过描写。《三国志·魏志·华歆传》这样写道："歆素清贫，禄赐以振施亲戚故人，家无担石之储。"清朝的蒲松龄在其传世名著《聊斋志异·黄英》中写道："然家清贫，陶日与马共食饮，而察其家似不举火。"越剧《白蛇传》第二场："许郎家世本清贫，以后如何度光阴？"但这些对清贫家境的描写，和邓平寿的家境远远无法相比，也让人心情格外沉重。

而对于清贫的态度可以看出一个人的境界。唐朝的大诗人孟郊也在其长达十首《立德新居》诗之第三首中抒怀："宾秩已觉厚，私储常恐多。清贫聊自尔，素责将如何。"表达的是一种人生态度，在当时的封建官员中实属难得。而伟大的共产主义战士方志敏在监狱中写出的《可爱的中国》文集中，有一篇《清贫》给我们留下了荡气回肠的感动："我从事革命斗争，已经十余年，在这长期奋斗中，我一向是过着朴素的生活，从没有奢侈过，经手的款项，总在数百万元，但为革命而筹集的金钱，是一点一滴的用之于革命事业。""清贫、洁白朴素的生活，

△ 邓平寿的书柜用了很多年（摄影 朱继东）

正是我们革命者能够战胜许多困难的地方!"是啊,清贫不是共产党所追求的目标,但对于一个手中握有权力的共产党人来说,这份清贫却让人们更透彻地看到了他圣洁的心底。方志敏、邓平寿都是这样的优秀共产党人。

谈起父亲,女儿邓巧娟总是忍不住泪水涟涟。为了让虎城这个梁平县最边远的乡镇每村、每组都通水泥公路,父亲没日没夜地工作,拿着不高的工资每年都要捐款上千元,自己却舍不得吃、舍不得穿,最贵的一件衣服是她为父亲花90元买的风衣,而只有在重要的场合父亲才穿。穿的时间长了,后摆已变形上翘,但他仍然当作宝贝。2005年,邓平寿作为保持共产党员先进性典型要到市里做报告,却找不到一件可以穿着上讲台的衣服。在街上逛了半天,他咬咬牙买了一件48元的白衬衣。这件白衬衣他以后每次重要场合才穿出来,一直到他去世还是看起来像新的一样。有人说他对自己太苛刻,和他镇党委书记的身份不符,邓平寿的回答很干脆:"我要求入党,不是为了自己享受,更不是为了给人民当老爷,而是为了把自己的一切交给党安排,党叫我干啥就干啥!"这是邓平寿内心最朴素的想法,也是他的心里话。他这么说的,更是这么做的,也正是这个信条让他坚持在虎城镇扎下了根,把自己几十年的时光奉献给了虎城人民。

邓平寿的墓地就在距离他家不远的地方,去他家中采访那天尽管是一个下雨天,但我还是特意前去看望。其实,去他的墓地根本没有路,只是在泥泞中被人踩出来的一长排脚印,并且杂草丛生、崎岖不平。而我到达他的墓地时,不仅不敢相信自己的眼睛看到的一切,而且内心深处被深深震撼了。他的墓地其实只是一座很不起眼的坟茔,坟前竖了一块非常简单的青石,没有经过什么仔细的加工,上面别说什么墓志铭,甚至连一个字都没有,就是一个没有名字的无字墓碑。如果没有人领路,外人是找不到这里的;即使路过这里,没有人指点,你也不知道这就是邓平寿的墓地。我去的那天,他的墓前堆满了挽联和花圈,还有几根点燃的香烟,那是老乡从集市买来,特地给他点上表达哀思和敬意的。累了几十年,邓平寿就这样静静地躺在那里,与生养他的这块土地融为一体,似乎能听到家人的思念,听到大山的歌声,永远不再离开。

他倒下那天还把老百姓装在心里

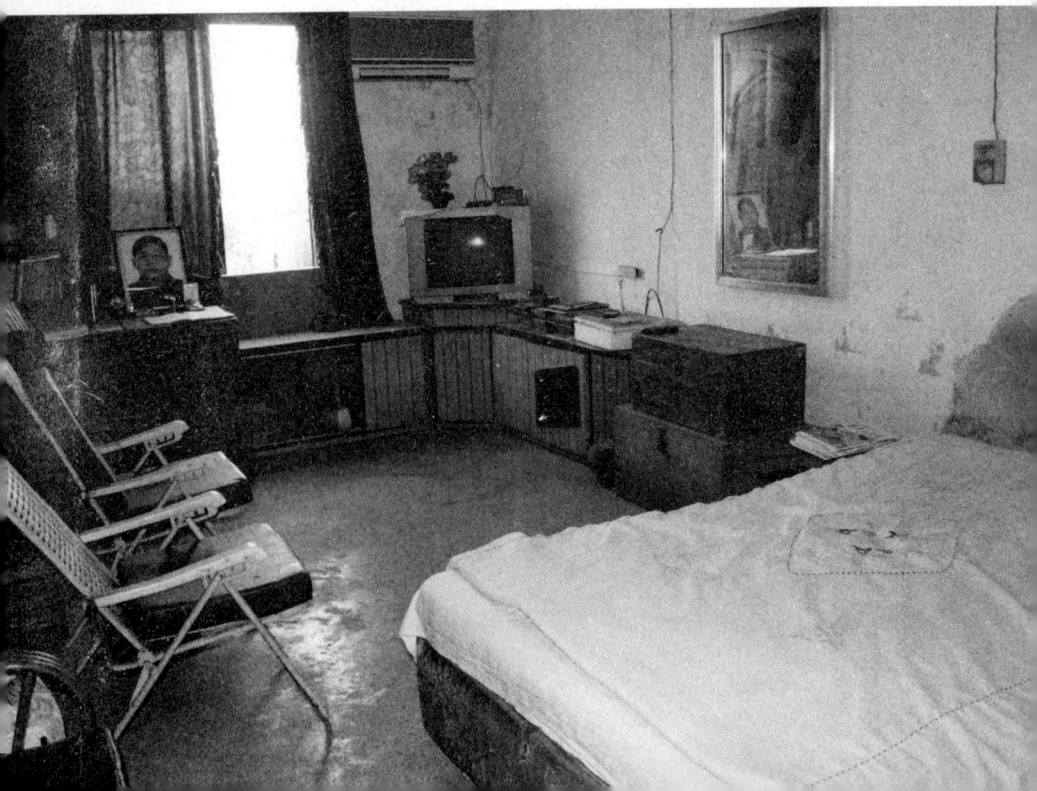

2007年1月14日，这一天是星期天，群山之中的虎城镇正飘着细雨，南方的冬天没有暖气，屋里屋外都显得异常寒冷。因为天气湿冷，再加上是休息日，很多人都躲在家里没有出门，还有不少人赖在暖和的被窝里不愿起床。谁都没有想到这是邓平寿在工作岗位上最后的一天，他这一天依然起床很早。

➡️ 周末下乡

★★★★★

刚刚早上7点，虎城镇党委组织委员廖铭的手机按时响起，他不用看就知道是邓平寿打来的。自从来到虎城镇工作，他已经习惯了一大早接到书记的电话，不管是工作日还是休息日，难得能好好休息一天。

"书记啊，今天是星期天，又下雨，你就让我睡一次懒觉吧？"屋里实在太冷，廖铭缩在被窝里有些迷迷糊糊，试图争取一点多休息的时间。

"桑苗昨天就到了，我们不管，苗哪个办？赶紧起来！"电话那头，邓平寿着急的声音唤醒了半梦半醒的廖铭，也催促着他赶紧从暖和的被窝里爬起来。

8时，廖铭来到镇政府，看到副镇长刘政辉也被叫到了邓平寿的办公室，一辆破旧的面包车早已等候在院内，邓平寿已经在那里忙碌地安排大家的工作。他首先安排刘政辉带几个人去虎（城）聂（家村）公路，把路标位置定出来，为春节期间开通客运做准备："你去虎聂公路看看，在哪里定桩，在哪里定弯，你一定得给我把好关，还有能减的坡度尽量减下来……"然后让廖铭和自己等几个人一起去检查千丘村栽桑树的情况。邓平寿有条不紊地一一分配着这个休息日的工作，看不出和正常的工作日有什么区别。

分配完各项工作，邓平寿带着廖铭等干部去千丘村查看桑苗栽种情况。刚到千丘村地界，虽然天下着小雨，但邓平寿并不在乎，马上就让车靠边，拉开车门下了车。不论是当镇长还是党委书记，邓平寿都亲自驻村，而且多年驻千丘村。不仅村里的每个乡亲都和他很熟悉，而且这村里的一草一木都有他的心血。那天遇见他的村民很多，赵洪利、刘明国、杨嗣开、孙泽寿……大家都像见到熟悉的亲人很随意地和邓平寿打招呼，相互问候着。但他们谁都没有想到，这是邓书记最后一次来村里了，也是他们见到邓书记的最后一面。

因为天下雨，并且感觉雨越下越大，廖铭喊了声"书记等一等"，然后就要去借伞，邓平寿大手一挥给拦住了："这么点雨，打啥子伞？"一转身就冒着雨走进了农田里。走出几百米，他就看见村里的养蚕大户赵明全正在雨中栽桑苗，村支书、蚕桑技术员在一旁指导。赵明全见邓平寿来了，好像遇到了专家一样，忙举起桑苗扯着嗓子喊："老邓，这些桑苗短得像筷子，不晓得栽不栽得活哦？"

"你莫嫌它短，它比你走的路还远，是从浙江买来的高级货哟。"邓平寿不慌不忙地跳下田坎，从那个常年背在身上的黄挎包中，掏出那把用了多年的桑剪，一边细心地帮着修整一边笑着说："只要你像养你自己刚生下的娃儿一样，细心招呼，用心培养，长起来快得很，哪个长不大？"

随后，邓平寿用手量了一下窝距，对一旁的技术员说："就按这规格，还要注意莫浪费苗子，今年创'蚕茧万担镇'一定要把桑树栽好。"接着又提醒赵明全："老赵，你准备今年养15张蚕，不把大棚蚕房建好要落空哦。"赵明全手一指："你看，沙和砖都拉到我的地坝里了，我栽完桑树就修蚕房。"

从赵明全家里出来，邓平寿和大家继续往前走，边走边说全镇栽桑情况。突然，邓平寿放慢脚步，说："昨晚千丘村几个农民打电话找我要桑苗，聂家村龙王庙山上土质薄，农民积极性又不高，不要浪费了苗子，要调一些桑苗送到千丘村栽。"随后便安排镇干部去了聂家村。

来到村民杨嗣开家附近，看到夫妇俩正在栽桑苗，邓平寿就走到他们面前，亲切地询问："咦，你两口子不去打工，回来栽桑树了啊？"杨嗣开站起身，见是邓平寿，忙笑着回答说："打工没技术，找不了几个钱，回来养蚕搞老本行。"邓平寿用手摸了一把脸上的雨水，高兴地说："好，好，好！现在丝绸行情好，你们回来养蚕这路了选对了。今后有什么困难，只管来找我。"大家你一言我一语，夸奖了杨嗣开几句，又朝公路上走。

走访了几户人家，爬了几个山头。雨越下越大，大家都淋湿了，但邓平寿依旧没有让廖铭去借雨伞，而是督促大家赶紧帮老百姓干活。后来雨下得实在太大了，邓平寿就走到在公路旁一个小店门口喊："唐春艺，借几把伞。"唐春艺只找到两把雨伞，连忙追上来："这么大的雨，到屋里歇会儿嘛？""不了，大家还在栽桑呢，我们去看看。"邓平寿说。

来到千新（千丘村—新口村）公路，邓平寿对在场的人说："我们到山顶上去看，那上面几块干田不稳水，栽桑最好，我们去看栽了没有。"大家跟着邓平寿气喘吁吁

▷ 虎城镇的老百姓说起邓平寿都有说不完的感激话（摄影 朱继东）

他倒下那天还把老百姓装在心里

地爬上山，见山上几块小干田成了密植桑园，邓平寿很满意，高兴地说："老百姓的栽桑积极性有了，日子就会越来越好过了！"

整整一个上午，邓平寿从这家田间到那家地头，一直在千丘村的地里忙碌着。一边干活，一边和乡亲们聊天，问大家生产、生活中有什么困难没有，对镇党委、政府的工作有什么意见、建议。直到今天，千丘村的村民逢人便说，邓平寿是累倒在他们村里的，"邓书记倒下那天还把我们老百姓装在心里！"

"那天早上，邓书记还来我们村看大家栽桑树，还站在雨里和我打招呼……"千丘村村民唐春艺提起最后一次见到邓书记的情景就抹眼泪。

"这么多年，他没在我们任何一家吃过饭。他才是真正的优秀共产党员，是人民的好书记啊！"66岁的唐连友说出了乡亲们的心声。不少乡亲们都曾多次邀请邓书记到家里吃顿饭，但每次都被他以"以后再说"为理由回绝了。而今，他们永远没有机会了，想起来就令人心伤！

"这样的好书记他走了，我们心里痛啊！"每当说起邓书记对自己的好，赵洪利都忍不住泣不成声。

→ 累病倒下

★★★★★

中午12时，雨渐渐大起来，邓平寿打电话给邻近的黄庭乡和南岳镇的党委书记，约他们一起聊聊。最后约定在黄庭乡党委书记黄勇家。一进门，邓平寿就呵呵笑着问："虎聂路和长沙路都修到你们门口了，只差一公里，你们打算什么时候连起来？"黄勇说，确实缺资金。这确实是实话，黄庭乡和南岳镇都是被钱卡住了，所以虎聂路和长沙路没有连起来。

"虎城给你们支援两万，你修不修？"看着兄弟乡镇领导为难的样子，邓平寿一句非常大气的话将了对方一军，也使得矛盾迎刃而解。当场，三个乡镇的村级公路对接"联席会议"达成一致，邓平寿非常开心。

邓平寿回到镇里自己的办公室时，已是下午2点10分左右。刚进办公室，他习惯地拿起当天新到的《重庆日报》看了起来。看了一会儿，他对等着他安排工作的廖铭说："哎，怎么搞的呢，我总感觉到没精神。你回去吧，等我躺会儿再打电话喊你们下村。"说完就眯着眼在椅子上躺了下来。

但躺了一会儿，他就感觉有些难受，并且越来越难受得厉害。"今天怎么感觉有点不对头哦，人没得精神。"疲惫不堪的邓平寿喃喃地自言自语说。下午3点10分左右，邓平寿实在忍不住剧烈的疼痛，就给廖铭打了个电话过去，他这时候有些喘不上气来，声音已经变了："肚子痛得厉害，你帮我叫个医生来看一下。"在邓平寿身边工作了18年的廖铭，从来没有听过邓书记要他去找医生，他知道只要邓书记自己说有病，肯定病得不轻，因为邓书记向来是"小病拖，大病磨，实在不行才吃药"。所以，他接到电话就有一种不祥的感觉，赶紧通知镇中心医院的门诊医生。当廖铭和医生赶到邓平寿寝室时，邓平寿已脸色蜡黄，躺在床上痛苦地呻吟着，豆大的汗珠从苍白的脸上流下来，脸上明显看出由于强忍剧烈疼痛而非常难受的样子。医生一问才知道，原来邓平寿的肚子上午一直在痛，只是没吭声，现在实在痛得不行了。医生赶来给他打了一支止痛针，没有用。廖铭一看就知道问题的严重性，赶紧让人和自己一起把邓平寿送往镇中心医院。

下午4时，邓平寿被送到了镇中心医院，这时候他由于剧烈疼痛已经虚弱得近乎昏迷。看到书记的病情如此严重，一般的药很难止痛，医生就立即打了一支杜冷丁以减轻他的痛苦。随后，医生给他挂起了输液瓶，同时做了抽血、查体温、B超等检查，初步诊断是急性胰腺炎。在场的人赶忙打电话向镇长赵洪越汇报。赵洪越了解胰腺炎的严重性，连忙打电话说："必须尽快转院治疗。"

"好了，没事了。"止住疼的邓平寿感觉好了一些，他不愿转院，说回去休息一会儿好下村，就掀开被子站了起来准备回去。平时他总是强调自己身体一向很好，不会有大事。但没想到的是，还没等众人开口阻拦，疼痛再一次袭来，邓平寿已经捂着肚子重新倒在了病床上。但即使如此，躺在病床上呻吟的邓平寿也不愿意转院治疗，他实在放心不下好多没有做完的工作。大家反复做工作，邓平寿始终不愿转院。

就这样拖到了下午7点多钟，赵洪越再次打电话要求："你们哪怕是抬，也要将邓书记转院。"8点多钟，大家终于做通了邓平寿的思想工作，将邓平寿抬下床，用救护车把他送往重庆医科大学附属第一医院。

➔ 最后时刻

★★★★★

18天后的2007年2月1日凌晨1时02分，重庆医科大学附属第一医院的病房内，邓平寿静静地走了，永远离开了他深爱的土地、乡亲和家人，像春蚕吐完最后一根丝。尽管他是那么不舍得他深爱的虎城人民，他还有很多工作没来得及做；他舍不得自己亏欠很多的家人，自己这些年对家里付出太少；虎城人民更是那么不舍得他们的好书记，他们一次次挽留他不要离开虎城，是因为乡亲们太喜欢、太舍不得这位人民的好书记了！

在邓平寿生命的最后时刻，他惦记的是什么？

"我走了之后，不要提任何要求，不要给组织添麻烦，帮我把今年的党费缴了！要记得对你妈妈好，孝敬你奶奶，你自己一定要努力工作好……"这是邓平寿弥留之际留给小女儿邓巧娟最后的话，他挂念的依然不是他自己。

"你安心养伤，我的病没大碍。等我好一点，就来看你。"住进重庆医院的当晚，邓平寿在电话中安慰因车祸受伤的"小徒弟"陈刚。每当回忆起这个电话，这个镇上知名的企业家都忍不住哽咽流泪。他说："师傅太累了，想着我们所有人的事，唯独很少想到他自己。现在，他终于可以真正休息了。"

"袁老大，你们村的桑树栽得怎么样了？要栽好！"1月15日清晨，大兴村村委会主任袁永富的手机响了。他一看，是邓平寿书记的电话。一早一晚给村干部打电话是邓平寿的习惯，他一点都不奇怪，这是一个再也熟悉不过的声音。但他奇怪的是邓书记的声音，却是那么微弱。他感觉有点不对头，就赶紧追问："书记，你咋了？""你莫管。"邓平寿说完，就把电话挂了，只有电话里传来"嘟嘟"声。袁永富呆立了好一会儿，越想越不对头："不对！邓书记多半是病了。"他迅速拨通了他在虎城中心医院工作的三姐的电话。三姐告诉他："邓书记病了，昨晚送到了重庆大医院。"一小时后，袁永富再拨那串他熟悉得不能再熟悉的号码，却已无人接听。后来，袁永富固执地多次拨那串号码，依然无人接听。他多么希望听到那粗声大气的嗓子再喊一声"袁老大"。就像2006百年干旱时一个中午一样："袁老大，我在你公路上，出来一下！"他跑去，看到烈日下，邓书记汗湿的衣服卷在胸膛，见他去就说："天气越热，越要注意公路养护。群众的钱都是血汗钱，质量搞不好，就是犯罪！"

袁永福没有想到，邓书记的最后一个电话，就是打给他的，是牵挂着村里乡亲们的桑蚕。他从此牢记着一个使命：大兴村创"桑蚕万担村"，引进生丝加工厂，让百姓有钱挣，是邓书记未尽的心愿，一定要把它实现了！

县委书记的好榜样焦裕禄是邓平寿人生的榜样，每当工作有不顺心的时候，他都会要求自己好好学习焦裕禄。几十年来，他也正是像焦裕禄那样"心里装着全体人民，唯独没有他自己"，一次次累到、病倒，又一次次顽强地站起来。虎城镇的很多干部都知道，邓平寿在修路的工地上累倒过，在检查蚕桑的现场吐过血并切掉过一叶肺，在下村的路上走肿了脚导致一个星期迈不动步……但每次他都坚强地重新站了起来。而这一次，他倒下了再也没能站起来，永远地倒下了。

其实，邓平寿的身体早在几年前就累垮了。2002年12月11日的傍晚，邓平寿在村里检查完桑树种植情况，刚回到家，还没等坐下，忙了一天的他突然一口血喷出来，接着又一口……送到市里的医院检查，诊断为肺上长了良性肿瘤，须马上做手术，切除一叶肺。邓平寿进了手术室，外面守候的梁平县领导、虎城镇领导和30多名自发赶到重庆探望的村民，直到得知手术顺利才放心离去。三天后，邓平寿从监控室出来，回到摆满了鲜花和虎城土特产的病房，这个经历大手术没吭一声的汉子眼睛红了。

当他看到病房里有两张床，便立即吩咐陪伴他的廖冬安退掉一张。跟他一起工作了几十年的廖冬安知道他又在打"小算盘"。邓平寿节省是出了名的，他在县里开会总是当天赶回，一年三四十次会，最多住宿两三个晚上。1999年，他带领全镇干部职工10多人到宜昌、武汉考察企业和集镇发展，全部利用晚上乘车坐船，舍不得买卧铺，这伙国家干部就全部挤在过道上打盹。最后，原计划6天的行程，仅用3天时间就回了虎城，节约开支5000余元。

手术后第六天，尽管伤口还很疼，并且医院也要求他要再住上两三个星期才能基本上恢复身体健康。但邓平寿实在在医院待不下去，一有空就软磨硬泡缠着医生坚决要求拆线。医生刚给他拆了线，他就紧接着进一步请求医生："拆了线就可以出院? 家里的事情实在是太多了!"拆线当天，他就匆匆赶回了虎城，回去后就住在办公室楼上寝室里，边输液边处理事情。当时的镇长杨代述要他回家休息，他不肯，杨代述又生气又无奈又心疼，就想使用激将法，对他说："你这么拼命，是对我不放心!"他神色肃穆地回答："不是不放心你，实在是老百姓对我太好了，组织上对我太好了，我只有拼命工作才能报答啊!"

"我一直以为他是突然发病的，后来才知道，那天从下村开始，一路上他肚子都在疼，只是没告诉我们。"每次回想起书记倒下那天的情景，廖铭至今还懊悔不已，"平时走路爱说话的他，那天也没有力气说话。他是一直强打着精神在工作啊! 我真的恨自己不够细心，没有发现书记病得厉害!"

重庆市委《当代党员》杂志社的记者刘文娅2005年就认识了邓平寿，但每次采访，邓平寿除了说镇里的发展规划外，没有太多语言，很少谈到他自己。2007年1月28日的下午，刘文娅闻讯赶来探望已在重症监护室

△ 邓平寿的两个女儿和自发赶来的乡亲们为邓平寿送行

十多天了的邓平寿，只见他安静地躺着，壮实的身子瘦小了很多。那一刻，刘文娅无法把那个时刻奔波在田间地头的他与眼前的人联系起来，甚至没有悲伤，那是一种很奇怪的感觉。刘文娅后来这样解释了自己当时的印象："这个从没好好休息过的人，他真可以歇歇了！"是啊，邓平寿太需要休息了，他是累倒的。

2月5日，是邓平寿"回家"的日子，天下着雨。灵车刚进入虎城镇境内，就围上来数千名手捧白花的乡亲，至少有一两万人那么多，大家都赶来送他们的好书记最后一程。其中有一位老太婆，大约八十多岁了，是从大荣村赶来的，好像走了四个多小时，她说，她的小孩在外面打工，寄回来的每一年的汇款单基本上都是拜托邓书记帮她取的，她很感激，她在那儿也哭得很凶。

7里山路，平常半个小时就走完了，而这一天，人群在雨中逶迤前行，走了好几个小时。邓平寿的两个女儿，一个捧着遗像，一个怀抱骨灰盒，送父亲最后一程。人们簇拥上去，跟在她们后面，默默地为他们的好书记送行。邓巧娟很感动："我没有想到会有这么多人来送爸爸。我爸爸的工作可能就是以情换情的，当我回去的时候看到这么多人，我当时就懵了，我说爸爸，你也值得了，你看这么多老百姓来送你。"

家，渐渐地近了；雨，渐渐地大了；路，也越来越难走。但闻讯赶来的人却越来越多，不仅有虎城本镇的，还有梁平县其他乡镇的，也有相邻的达县的乡亲们，最远的还有从北京、上海赶来的。忽然，人群中爆发出一阵哭声："书记，你不是说不走的吗？怎么就走了？"这一声似乎打开了大家悲伤的闸门，送行的队伍里哭声四起，在大山深处久久回荡。泪水夹着雨水，雨水冲击着泪水，模糊了人们的视线。泪眼朦胧中，人们仿佛看到，他们敬爱的邓书记仍然带着大家，走在队伍的最前方。

为百姓修好致富路：干什么都愿意

虎城镇是一个边远的农业镇，但这个名字可以骗人，让人认为这是一个交通便利、经济发达的好地方。当地乡亲们说，20世纪70年代，虎城一位在外地的虎城青年，凭虎城镇这个好听的名字带回了一位俊俏姑娘回老家结婚。姑娘来到这里，站在虎城几十米石板路、几个铺面支撑起的"城"里，从头顶凉到脚心，这里和自己原来想象的大相径庭。直到20世纪90年代，虎城镇一直是经济落后、交通不便，而交通不便又成为虎城发展的最大瓶颈。全镇大部分村都没有通公路，即使已经修通了的几条村级公路也是"落雨像块糕，天晴像把刀"。邓平寿在虎城镇任镇长、党委书记15年，最初的突破口就选在了修路上，并通过修路使虎城开始有了巨变。

⊙→ 修连心路

✩✩✩✩✩

1992年11月，邓平寿从别的乡镇调到虎城镇担任镇长，就知道自己面临着严峻考验。如何才能让多年一直过着穷日子的虎城的乡亲们过上好日子？这是邓平寿到虎城镇第一天就一直在考虑的首要问题。随着农村人对外面世界的了解的增多，越来越多的人渴望走出去、富起来，"要想富，先修路"几乎成了家喻户晓的谚语，也是在实践中证明的确能帮农村脱贫致富的重要法宝。邓平寿也深刻认识到，让当地老百姓苦不堪言的是交通不便，要让肩挑背磨的虎城农民富起来，首先要修通公路。他提出了"修好一条路，要好一条龙，壮大一根虫"的发展思路。一条龙即柚子带，一根虫即栽桑养蚕。"虎城这个地方，不把路修好，老百姓一辈子也翻不了身。"于是他下定决心，就把修路作为工作的重点，要通过修路奠定虎城腾飞的基础。

邓平寿决定先去各村实地考察，并且先考察最偏远的山村。不久之后的一天，邓平寿带领一行人埋头疾速向上，目标就是上面的小山村。打头的邓平寿不时抬头望望山顶的房屋，房门一直开着，他便笑着攒劲往上爬，他希望今天能见到一户村民，哪怕一个。然而，等他赶到门口，他看到的一如几天来所看到的一样：大门紧闭。后面的人赶上来，又累又沮丧，有人开始发牢骚，然而很快，他们呆住了，他们看见两行热泪在他们的书记、那个一动不动站在紧闭的大门前的中年汉子满是汗水的脸上滚滚而下。这些人看到他们书记吐过血，但从没见他流过泪。那一刻，他们不敢发出一点声响，一行人伫立在村民门前，血红的夕阳下，有种无言的悲壮。沉默被远处一个背着背篼艰难行走的农民打破。邓平寿的目光追随着那个佝偻的身影，坚毅地说："改革开放几十年了，老百姓还在肩挑背磨，要让老百姓富起来！虎峨路一定要尽快修好！"

虽然已经下决心修路，但真正干起来却困难重重，首先就是钱的问题。为资金问题发愁了几年，1995年年底，邓平寿和当时的虎城镇党委书记唐铭见一起走进县委书记办公室，说出了修路的决心和遇到的困难。出乎意料的是，他们的决定竟然得到了县委书记的充分肯定："修吧！给你们100万，政府也就只能帮你们这么多了，剩下的就全靠你们自己了！"有了县里给的100万，邓平寿既高兴又发愁，高兴的是县里的支持，发愁的是核算下来共需800多万，要自筹资金700万可是太难了。无奈之下，镇里只好发动群众自力更生。而群众却不理解，他就带头捐款。在镇政府大院，有一张"四季光荣榜"，榜上全是捐款人姓名及数目。邓平寿的名字，永远名列第一，因为他每年的捐款都不少于5000元。在他的带头下，镇里一般干部每年的捐款，也在一两千元左右。

虽然迈出了修路的第一步，但1997年之前，虎城仍没有一条贯穿全镇的出境公路。地里出产的作物，一旦丰收，大部分要烂在地里。因此，邓平寿在心里憋了一股劲，一定要建好虎城的村组交通网，要让虎城血脉贯通。

2003年8月，邓平寿首先从自己蹲点的千丘村开始做工作，希望能够带个好头。但没想到的是，在动员会上，邓平寿的话还没说完，村民们就炸开了锅，吵的吵，闹的闹。一位70多岁的老婆婆还站起来，冲着他吼道："我们不想修这破公路，要修，你自己去修！"会场一下子就乱了。邓平寿万万没有想到，今天的会居然开成了这个样子。他站起来，一个人默默地走到院子里，谁也不理。下雨了，他站在雨里，一动不动，任泪水和雨水往下流。一些同志劝他进屋去躲雨，他不去；给他雨伞，他不接。他想不通啊！自己巴心巴肠地为村民修公路，他们怎么就不理解呢？看着邓平寿难过的样子，有同志劝他，有人不懂事，你莫计较嘛。邓平寿长长地叹了口气说："不怪乡亲们，是我们的宣传工作没做到家呀！"

于是，邓平寿就发动镇里的干部挨家挨户去做工作，并且自己带头，一次不行去两次，两次不行去三次……精诚所至，金石为开，慢慢地，越来越多的乡亲们明白了修路的好处，支持修路的人越来越多。

为了最大限度地节省资金，邓平寿小气得除了到64公里外的县城开会外，一般不用车，私事用车一律交费。好领导带头自然带出一支好队伍，镇里的绝大部分干部都自觉向邓平寿学习。2004年，镇里一名干部用公车回家办私事没交车费，邓平寿就带他到自己办公桌前，让他查看玻璃板下压着的用车发票。那名干部见此情景，二话不说交了车费。有外地干部对虎城镇镇政府寒酸的办公楼摇头不止，劝他修一修，毕竟是"镇里的脸面"。他呵呵一笑："先治坡（修路），后治窝。"一直到邓平寿去世，虎城镇政府的办公楼都没有修。

虎峨路是虎城镇境内最长的一条路。硬化这条路，对虎城经济发展有着十分重要的意义，但刚开始修建，就碰了钉子……大热天，邓平寿和镇里的干部一次又一次地从这家赶到那家去做工作，碑垭村四组包括组长在内的全部村民却一致抵制。看见镇里的干部来了，赶紧两扇门"咣唧"一关，死活不打照面。太阳火辣辣的大热天，邓平寿带着干部们一次又一次从东家赶到西家，从这家走到那家，无一例外都是汗流浃背站地在人去屋空或屋门紧锁的村民家门外"望门兴叹"。

农村公路建设的重要意义，早已成为人们的普遍共识，碑垭村四组的乡亲们为什么会反对呢？是不是我们哪里的工作有疏忽呢？吃了闭门羹的邓平寿开始反思，回到镇里连夜召集干部开会，与大家一起查找原因。通过认真分析，邓平寿有些激动地对大家说："现在镇里交通已初步改善，群众得到实惠已是大家看到的事。可这个组的村民为什么都反对，他们有想法、有意见啊！你们看，这个组所在位置偏僻，村民居住分散，虎峨路如果没有别的支路和他们连接，他们得不到什么好处！是我们工作做得不仔细，难怪老百姓不支持我们！"

于是，邓平寿及时调整修路计划并马上公布。几天后，邓平寿一行人拿着图纸再次去碑垭村四组做工作，迎面碰见了四组组长，组长包里装着各户的集资费，一分钱都不少。原来，看到调整后的修路计划，组长立即就把各家各户的修路费收起送来了。握着组长的手，邓平寿动情地对在场的干部说："没有落后的群众，只有落后的干部。天天待在办公室，不下去了解情况，不知道老百姓在想什么，凭什么指手画脚？又凭什么听你的？做什么事，都要贴近群众的心，把准群众的脉，想群众之所想，急群众之所急，做好群众想办的事。只有真正了解百姓的疾苦，百姓才会理解、相信和拥护我们。"

为了尽快修好虎城的路，邓平寿全身心投入到了这件事中。修路工地上，挖路基，抬石头，搬材料，他样样抢着干。晚上别人累得躺下了，他还要回办公室处理事务。由于睡眠少，再加上劳动强度大，他早上起来时常呕吐，带着血丝，却一直坚持在工地上。终于有一天，他晕倒在了工地上，心急如焚的村民把他送到医院抢救。可当村民前脚返回工地，苏醒过来的他竟然后脚就到了。

梁平县委书记张道华说："为了修路，平寿付出了大量的心血。他让我最受感动的，是在我当县长时的2003年，他来到我办公室汇报修路的情况。由于一条路面的资金不到位，这个近50岁的人找到我，哭了，很伤心。一个镇党委书记，为了农民的事情，在县长面前流泪，这是我遇到的第一次。"

△ 邓平寿下乡经常用的帆布挎包（摄影 朱继东）

随着虎峨路在 2004 年顺利竣工，短短几年时间，虎城共修建硬化村、组级公路 48 条、108 公里，达到了 100% 的村、85% 的组通上了水泥路，基本实现了县道连村道，村道连组道，村组公路进村组入户的交通网。由于虎城率先实现了硬化镇内交通主干道、拉通村组程控电话的"双线工程"，邓平寿和虎城的名气大振，不少人都慕名而来学习取经。修路让虎城越来越多的乡亲们走上了脱贫致富的道路，如今，虎蜜柚荣获国家金奖，畅销全国并远销国际市场；全镇蚕茧产量居全县第一，产值达 500 多万元，农民人均收入增长了 1.5 倍。虎城的日子越来越红火了，人们怀念他们的好书记! 人们常说："邓书记带着我们修的是一条条连心路，连着党和群众的心!"

为百姓修好致富路：
干什么都愿意

➔ 带病攻坚

★★★★★

2002 年邓平寿第一次病重那年，陈家村村里正在修一条公路，要通过 70 岁的村民刘久星家后山，遭到了拒绝。刘久星认为这样修路会动了他们家的龙脉，破坏了他们家的风水，就每天守在那里不允许任何人进去。镇里、村里做工作的干部来一茬儿走一茬儿，刘久星一副一夫当关万夫莫开、我自岿然不动的架势，甚至就睡在路要通过的地方或者干脆直接睡到挖路机下面不起来，"就是天王老子来了也不行！"修路的工程也因此停了下来，从村里到镇上，大家对此事都是一筹莫展。就在邓平寿出院回到虎城的第七天，正在寝室输液的他无意中知道了这件事，本来镇里的同事不想打扰他，可是知道了修路受阻，他立刻按捺不住，不顾医生劝阻，起身就走。

刘久星家离镇政府 7 华里，但仍在病中的邓平寿却一口气走到了他家。当出现在刘久星面前时，邓平寿摁着腰部脸色苍白，虚汗淋漓。他一屁股坐在刘久星身边，喘着粗气说不出话来，只拿一双微笑的眼睛盯着刘久星看。"老哥您好啊，邓平寿今天给您赔不是来了！修路是全镇人受福的事，可今儿从您家后山过。您要喜欢呢，这是求之不得的好事；您要不喜欢呢，您就是为集体付出了牺牲。现在您不喜欢，我这当书记的，就真觉得对不起您了。但是，老哥，这路不修不行啊！您看，一到下雨天走路就得穿筒靴；种的粮食、喂的肥猪拖出去卖好难啊；别说建房子，连修个猪圈材料都得靠肩挑背磨，多难啊！"

但刘久星并没有被邓平寿的话说动，而是脖子一扭不客气地说："你们修路我没意见，但是非从我家后山过我就有意见！"

邓平寿没有气馁，而是拉着刘久星的手，亲切地说："老哥，您是明理的人，修路路线是千测量万测量经过科学测算、大家讨论通过的，现在如果转个弯，修路的钱就差得远了。大家筹钱修路不容易，您叫我再多找一分钱我都难哪！"

看到邓平寿脸色苍白，一个干部伸手替他挽了挽袖子，轻声提醒说："您这只手别动，看把留置针碰歪了。"刘久星闻声看去，发

△ 邓平寿下乡考察工作

现邓平寿袖口挽上去，只见那褐色的手背上青筋暴露、针眼累累，更让他心惊肉跳的是，那手背上竟露着一截胶布缠着的针管。他活了70岁，扎着一根针到处跑的人还是第一次见！"修路也不是邓书记自家的事，他这么拼命是为了啥？"刘久星的心被深深触动了。

也许是看明白了刘久星的心思，邓平寿紧紧握住了他的两手说："龙脉我没见过，不晓得有多好，可这路吧，就摆在这儿了，我们可以在上面走，还可以把很多的东西搬到车上弄出去卖，又能把很多东西搬进来。而龙脉，我是说真有龙脉的话，您都在烂泥里走了六十多年了，它管过这事吗？"

由于说得很激动，忘了自己病情的邓平寿不由地把大手一挥，使得伤口一抽一抽地痛，他"哎哟"一声轻唤，双手就按在了腰上，脸色发青，嘴唇惨白，额上汗珠如豆。与他一起来的镇里干部赶紧劝他先歇一歇，别太着急。没想到，邓平寿拒绝了休息，而是坚定地说："今天解决不了问题，我就不回去了！"

稍微停顿了一下，邓平寿咬着牙忍了忍疼痛，说话的声音高了许多："我说风水先生简直是放屁，他有多大本事啊，能看到地下的东西？他真有好本事，我挪屁股让他，他来带老百姓过点好日子，不走烂路、有钱用、有好房子住！邓平寿这后半辈子跟他混！拜托老哥了！我代表陈家村百姓拜托您了！"

邓平寿的话赢得了围观的干部、群众一阵阵热泪和掌声。最后，刘久星终于被邓平寿感动了，他从挖路机下面爬出来了："邓书记，我允许我允许。您为了修路，真的是连命都不要了啊！你邓平寿是不会怎么走这条路的，真正还是我们自己走这条路。你这么不要命不是为了自己，你是真心为了咱老百姓啊！人心都是肉长的，我倘若再不允许，我还是人吗？"

"太感谢您了，老哥，邓平寿谢谢您了！"听到刘久星终于答应了，邓平寿竟高兴得像孩子一样要站起来，没想到却一下子摔在了地上。

就这样坚持工作半个多月后，邓平寿才甩掉了输液瓶。

→ 为民下跪

★★★★★

虎峨路的进展很顺利，慢慢地，那似乎盘古开天就没变过的丘壑之间，一条白亮亮的两米宽的路蛇一样探出头来，穿山越岭，蜿蜒盘旋开来。然而，路延伸到千丘村被搁浅了。邓平寿忙让人问什么原因。村民众口一词："修路是为我们好，我们愿意，但有钱人不出工我们就不出！"

村民口中的"有钱人"是指杨家兄弟，这两兄弟身强力壮，在外打工多年，算是组里最殷实的两户人家。而且，他们的住房就在设计的公路路口，理应是最积极投入修路的，但兄弟俩认为自己在外打拼，跟组里没关系，修不修路自己同样挣钱。组长多次做工作，他们漠然置之，而全组的村民都盯着他们，这颗钉子不拔，工作就不好开展。这天，邓平寿带着几个镇干部到了杨家。

邓平寿和干部们道理讲了很多遍，好话说尽，但是杨家兄弟就是爱答不理。后来，杨家兄弟中的大哥竟然脖子一梗，用不屑的眼神瞄着在场的干部冷冷地说："要我们拿钱，除非你们跪地求情。"

在场的干部、村民都呆了，邓平寿也呆了。以前从来没碰到如此不讲理甚至故意刁难的村民，现场的气氛一下子僵在那里。

"你们平常说得那么好听，这样为老百姓那样为老百姓，动动嘴皮子谁不会？真的要为群众去受委屈，你们才不干呢！"杨家大哥斜视着面前呆愣的人群，有些傲慢而得意地说。

然而，出乎所有人意料的事情发生了。大家突然听到"扑通"一声，闻声望去。只见邓平寿身板挺直，头颅高扬，像一座铁塔一样长跪了下去。

邓平寿的下跪使得全场哗然，现场的干部惊呆了，村民们惊呆了，杨氏兄弟也惊呆了。谁都没有想到邓平寿会真的跪下，一位堂堂的镇党委书记会为了百姓修路的事情给个别老百姓跪下，纷纷把愤怒的目光转向杨氏兄弟。

从惊呆中缓过神来，几个人赶紧冲到邓平寿身边要拉他起来，但他甩掉伸向他的那些手，目光像箭一样射向杨氏兄弟。

刹那间，刚才还趾高气扬的杨氏兄弟像被打了一记闷棍，像霜打的茄子一样，沮丧地低下了头。看着跪在地上的邓平寿，杨氏兄弟只好乖乖地掏出钱包交钱。

"你们——"一声怒喝从邓平寿身后的宣传委员刘政辉嘴里吼出，双眼冒火、身子扭曲的他恨不得冲过来和杨氏兄弟拼命，却被几个人死死摁在原地。

这时，邓平寿已被大家扶起，他却像没事的人一样，看着向着他围过来的人们。然后，他平静地对组长说："开票！"

组长开票时手在颤抖。当他把票开好递给杨氏兄弟，他的身旁已伸过来很多手，每只手上攥着 200 元钱。

村民们一个一个报着自己的名字，组长一张一张地开着票，忍不住泪流满面。

邓平寿带着镇干部静静离开。回到办公室已是黄昏，沉默如一口古钟的刘政辉跟着邓平寿径直走进办公室。

像往常一样，邓平寿掏出一个笔记本，只顾在上面写着。

看邓平寿半天没说话，刘政辉忍不住沙哑着声音问："为什么？"

邓平寿淡淡一笑，没有回答。

"为什么？一个堂堂的男子汉，我们的领头人，我最敬重的好书记，您这样做值吗？"刘政辉忍不住连连发问。

"值！只要为老百姓好，我怎么都值！"邓平寿翻着本子，十分平静地说。

"男儿膝下有黄金，您邓书记在我心里是最堂堂正正的男人！"刘政辉声音低沉，带着颤音。

"这不是膝下有黄金了吗？路通了，车轮子转进来了，就黄金滚滚了。"邓平寿看着刘政辉不禁咧嘴一笑，打趣地说。

看刘正辉仍板着脸盯着自己，邓平寿知道他还没有想通，就合上笔记本走到窗前，望着窗外，叫着刘政辉的小名轻声说："二娃呀，你说这人活着不就为了做些自己认为值得做的事吗？我啊，这辈子就是为了我们虎城这一方的父老乡亲。只要他们生活好了，我就什么都好了。为了这个目的，叫我干什么我都愿意，叫我做什么我都觉得值！"

刘政辉似乎有些明白了，慢慢垂下头："您，只要自己觉得值觉得不委屈，就行。"说完也不看邓平寿，转身就往外走。

"二娃！"突然，邓平寿叫住他，很短的寂静之后，他说："我今天跪了，也是为你们今后能把腿站直，永远不跪！这穷面貌改变了，老百姓兜里有钱了，脑子里有见识了，要做什么不容易？你们今后也就没有这么难了！"

刘政辉静静地站在那里，一直听他说完，从胸腔深处"嗯"了一声，泪水决堤。他没有回头，擦着眼泪走了出去。直到今天，每次想起与邓书记的这次对话，他都忍不住泪流满面，他多么期待能够再与邓书记再一次并肩作战，再一次心贴心地谈话交流，相信每一次都有新的收获！

困难乡亲们的回忆：邓书记比亲人还亲

由于虎城历史上是个经济欠发达的穷乡镇，在邓平寿调到虎城镇担任镇长的1992年，全镇农民人均纯收入仅601元。而对于那些僻远山村的乡亲和家里老人、病人较多的家庭来说，生活更加困难。因此，邓平寿特别关注这些家庭生活困难的乡亲们的生活，想尽一切办法来帮助他们。接受记者采访时，这些困难乡亲们回忆起与邓书记相处的时光，不少人忍不住痛哭失声："邓书记是个大好人，他对我们这些无亲无故的老百姓实在太好了，邓书记比亲人还亲！"

→ 再生恩人

★★★★★

唐书权是虎城镇一个地地道道的农民，现在是几家民营企业的老板。他逢人便说："我是个残疾人，今天能站在这里，能有今天的成绩，我最要感谢的就是邓书记。是他，让我真正地站了起来。"

唐书权是个瘸子，左腿先天残疾。小时候，家里人多地少，吃了上顿没下顿。别人都看不起他，他也认为自己是一个废物。因为残疾，唐书权害怕见陌生人，不敢和人说话。他唯一的朋友就是天天放的那条老牛，每天早上牵牛上山，牛在一边吃草，他就在旁边和它说说话。"牛很听我的话，天黑了，我饿得走不动的时候，老牛就会让我从牛角爬上去，驮我回家。这也就算是我的童年了。"

三十多年前的一个夏天，有一天，唐书权实在饿花了眼，从牛背上摔下来，昏了过去。醒来时，唐书权发现，老牛在他旁边一动不动，有一个人把自己搂在怀里，摸着自己的头温和地说："想不到你腿脚不方便，牛还养得这么好，但一辈子放牛也不是个办法啊，你学个手艺嘛，将来才好养家糊口呀。"唐书权觉得这话听起来好亲切，感到心里暖洋洋的。回家后，唐书权就对父母说："我反正种不了田，我要去学手艺。"

唐书权后来才知道，原来那个劝自己学手艺的人，就是当时的波漩乡乡长邓平寿。当唐书权学会了理发，在街上开起理发店时，邓平寿还经常到店里来理发，问唐书权生意好不好，唐书权告诉他生意不太好，只够填饱肚子。这个时候，邓平寿就耐心地开导唐书权说："你不要认为自己是一个残疾人就灰心，要慢慢来，只要认真做，将来一定会好起来的！""干得好，比那些好脚好手的人都干得好！"正是邓平寿的这些话，让一直有些自卑的唐书权真正变得自信了。

唐书权一直记着邓平寿的话，从一个理发匠开始，到做五金、建材生意，一直踏踏实实地干，克服了别人难以想象的困难，生意越做越红火。1992年，唐书权在虎城街上修起了一座一楼是商铺门面，二楼住人的两层楼的房子，并娶了媳妇，有了孩子，终于过上了让大家都很羡慕的幸福生活。

一天下午，已经是虎城镇党委书记的邓平寿来到唐书权门市前等车，他一边等，一边和唐书权摆龙门阵。邓平寿说："书权啊，你生意做了这么多年了，我们虎城到处都是资源，你能不能办个企业？也为家乡做点贡献。"唐书权觉得自己是一个瘸子，有口饭吃就不错了，还敢办什么企业，便连忙说："我没有经验，又没有资金，更没多少文化，办企业，我连做梦都不敢想。"邓平寿摆摆手劝他："你不要怕，你会搞买卖，怎么会搞不好企业？你再认真考虑考虑，我叫人带你出去考察项目！"

出乎唐书权意料的是，邓平寿回去后不久就真的让企业办主任带唐书权到大竹、邻水、渠县等地考察。考察回来，唐书权雄心勃勃，决定办个页岩砖厂，一算要40多万，投入缺口就有20多万。怎么办呢？心里着急的唐书权实在想不出好办法，就想到了邓平寿，赶忙去找邓书记。听唐书权讲完遇到的困难，邓平寿拍拍他的肩说："书权，不要急，干事情总会有困难，我们一起来想办法。"但是当邓平寿找信用社主任商量贷款，建议用唐书权的房屋做抵押，对方很为难，邓平寿一拍胸脯说："你尽管贷嘛，我私人来担保，他还不起，我邓平寿还！"

款贷到了，厂房终于顺利建起来了，但是用电又成了最大的问题。唐书权原来估计的安电费用是一到两万元，但实际需要十多万元，这怎么得了？想来想去，唐书权只得又找到邓书记！邓平寿看到唐书权急慌慌的样子，马上扶他坐下："书权莫急莫急，我找电管站联系一下，一定会有办法！"但电管站表示无能为力，只有找万州电力公司。于是，邓平寿派镇里的干部带唐书权去万州电力公司谈，没谈成，邓平寿又亲自打电话到电力公司，说明虎城的情况，说唐书权是残疾人办企业很不容易，是鼓励残疾人创业的一个典范，请求给予照顾。最后，在邓平寿一次次的"软磨硬泡"下，对方终于答应照顾性减免五万多元，这真是帮了唐书权的大忙了！

唐书权企业生产的砖终于出炉了，但是问题又来了。原来，当时大家用惯了青砖，对红砖不了解、不信任，砖卖不出去。那段时间，唐书权又着急又担心，吃不好，睡不着。这都是自己的血汗钱，一旦亏本，自己一个残疾人，今后还有活路吗？邓平寿知道这个情况后，二话不说，到唐书权厂里拿了一块红砖，放在随身的黄挎包里，无论是到田间地头，还是走乡串户，逢人就把砖拿出来，四处宣传；有时看见人家用青砖修房，邓平寿就拿出红砖与青砖一碰，就把青砖碰断，然后宣传红砖硬度高、价钱又便宜，号召大家用唐书权生产的红砖。"看看，还是红砖硬吧！"邓平寿又给大家算经济账："红砖的体积比青砖大些。修同样大小的四排三间房子，要比青砖少用一万坯，省1000多块呢！"由于邓平寿的威望高、办法多，没过多久，红砖的销路打开了，生意渐渐好起来了。

2002 年 8 月的一天中午，大雨把砖厂一个 200 多平方米的水池冲垮了。邓平寿听说后，马上带人冒着雨、踩着泥浆赶了过来。一到现场，他就亲自调动人马抢修，并大声吼道："赶快搞好，千万不要影响生产！"雨越下越大，唐书权只能站在一边，眼睁睁地看着大家手忙脚乱，自己却一点也插不上手；当看到满身泥浆的邓平寿带头跳进水池，为工人递东递西，忙个不停时，唐书权的心头一热，眼泪一下子就滚了出来。

唐书权发自内心地感激邓平寿，好几次想感谢他请他去吃饭，都被邓平寿拒绝了。唐书权说："有一次我拉着邓书记，非要他去吃饭。他笑着对我说：'你的饭，我是肯定要吃的，不过我要等你的砖厂规模大了，去你砖厂的食堂吃。'现在砖厂规模大了，真有了像样的职工食堂，可是却没有机会请邓书记去吃饭了！"

2007年1月16日，唐书权正在贵州建厂，妻子打电话说，邓书记住院了！唐书权想忙完这阵马上就到重庆去看邓平寿，没想到这个决定却成了他终生的遗憾。刚到2月2日，妻子就又打来电话，说邓书记去世了。唐书权不相信，整个人惊呆了："邓书记平时精神那么好，怎么会说走就走了呢？"妻子哭着一字一顿地骂道："唐书权，你个狼心狗肺的东西，你为了几个臭钱连恩人都不顾了吗！"唐书权的脑子一片空白，全身虚汗直冒，连夜往回赶。当他从贵州赶到邓平寿家时，已是凌晨3点，拨开人群，他一下扑倒在灵前，沙哑地喊："邓书记，我来晚了！您是我的再生恩人，您是为我们累死的呀！"

接受记者采访时，唐书权回忆起这些往事仍禁不住泪流满面："我不是党员，也不是干部，但党和邓书记的关怀才使我有了今天。二十多年哪，从一个爹娘都不管的放牛娃，到今天一个企业老板，我走的每一步，都包含了邓书记多少心血和关爱呀！如今邓书记永远离开了我们，我唐书权不知道怎么报答邓书记！只要我还有一口气在，我就一定要像邓书记说的那样，用实际行动为家乡多做贡献！俗话说：头上三尺有神灵。邓书记，我知道您在看着我！我唐书权说到做到！一定要带领乡亲们共同致富！"

➜ 扶危济困

✩✩✩✩✩

从镇长到镇党委书记，邓平寿一直特别关注那些僻远山村的乡亲和家里老人、病人较多的家庭，千方

△ 唐春艺回忆邓平寿书记对自己的关心和帮助（摄影 朱继东）

百计来帮助他们。他不仅帮助他们解决实际的生产、生活困难，而且想尽一切办法全力帮助他们走上致富的道路。

"没有邓书记，就没有我这个家！"谈起邓书记，千丘村二组的村民唐春艺沉浸在悲伤的情绪中。十多年前，唐春艺嫁给村里一位残疾青年。刚结婚的她为了贴补家用，在家里养起了蚕。但由于家里条件困难，养蚕遇到了不少困难，夫妇俩几次因为生活艰辛而抱头痛哭。一次，邓平寿无意间走到她家来，看到她家几个人挤在20平方米的屋子里，皱着眉头直摇头，心情很沉重，说："你看，蚕子都快爬到床上去了。应该盖一座蚕房！""盖一座蚕房，对我这个已快揭不开锅的家庭来说，谈何容易啊？再说批地又不好办手续，太难了！"唐春艺为难地说。邓平寿听了当即表态："不要紧，钱少可以贷款，我想办法帮你去贷款，没有地我来帮你想办法！"

在邓平寿的帮助下，几经周折，唐春艺家的新房终于在1996年5月20日完工了。后来，邓平寿还自己拿出一些钱让她买豆子做豆腐，豆腐渣用来养猪。就这样，仅仅一年多，唐春艺就还清了两万多元的贷款，银行里还有了存款。

几年后，又是在邓平寿的建议下，唐春艺在路边开了一家副食店，并经常会过来坐一坐，关心地询问她生意如何，并叮嘱她说："做副食生意要细心，态度要好。要知道，你们赚的是分分钱、角角钱，态度不好不行啦。"这也是他倒下的那天路过唐春艺的小卖铺借伞的原因，他心里已经把她当亲人一样看待。就这样，慢慢地，唐春艺的副食店在邓平寿的长期关心下有了起色，全家人日子过得越来越好。直到今天，唐春艺的副食店生意一直不错。

有一件事让唐春艺心里非常"难受"、感动。有一天天很热，邓平寿带着镇干部到村里检查桑树栽植情况，路过唐春艺的副食店，关心地问了问她最近的情况，就继续往前走。唐春艺觉得天气实在太热，看邓书记的嘴唇都干了，就拿了一瓶水让人带给书记解解渴。但没想到过了一会儿，竟然有一个人拿着一块钱回来了，说是书记给的。唐春艺每次说到这件事，都忍不住泪流满面："邓书记为我们做了那么多事，帮了那么大的忙，我只是送他一瓶水喝，他都不白要，我这辈子都不知道怎么还他的情！想到这么好的人竟不长寿，我这心里好难受啊！"

邓平寿常说："帮助解决老百姓的疾苦只是累一阵子，但他们会记得你一辈子。"在虎城，邓平寿无私帮助困难家庭的故事实在太多太多，说起来都是生活中的一件件小事，而正是这些小事，让他在这种帮助中和乡亲们越来越像一家人。2003年5月，虎城正是春耕大忙时节，又恰逢"非典"肆虐。千丘村4组70多岁的村民曾三杨，儿子和儿媳都在广东打工，老两口找不到人栽秧。邓平寿闻讯，和村干部带着50公斤化肥来到曾家，茶没喝一口，就扎起衣袖卷起裤脚扯秧栽秧。半天多时间，4亩多水田全部插满。

2004年6月16日，大雨下了一夜，邓平寿也一夜没睡着。他想起千丘村廖玉汉家只有两个行动不便的老人，房子又是修在土坡前的。下这么大的雨，会不会滑坡？要是那样，两位老人就危险了。因此，天还没亮，他就顾不得雨大路滑，深一脚浅一脚地往廖玉汉家赶去。他跌跌撞撞地往前赶，好几次摔倒在地，爬起来接着走。等他来到廖玉汉家时，天刚蒙蒙亮，发现他担心的事情还是发生了，廖家的房子果然滑坡了，泥水已淹到了家门口。浑身湿透的邓平寿来不及歇口气，急忙冲上去使劲敲门，把两位睡熟中的老人喊醒，背了出来。然后，他又从屋里找了把锄头，到屋后去掏沟排水。沟通了，大股大股的泥水从沟里哗哗地流了出去。后来，村民们也来了，在大家的帮助下，险情终于排除了。看着满身是泥、浑身湿透的邓书记，70多岁的廖玉汉老

△ 人们都记不清邓平寿这些年捐了多少钱，这是他的部分捐款收据（摄影 朱继东）

053

困难乡亲们的回忆：
邓书记比亲人还亲

人拉着他的手激动地说："邓书记，谢谢你啊！要是没有你，我们老两口就被活活埋啦！"

蔡先万是邓平寿家所在村的一个五保户，邓平寿把他当成自己的老人。逢年过节，他把老人接到自己家过；平日里邓家只要吃肉，一定给老人送去一碗；老人生病，他跑几十里去请医生；老人有8分田地，所有的农活邓平寿都想办法包了。老人60岁生日那天，邓平寿从家里拿来酒、肉、菜，给老人办了三桌酒席。蔡老汉握着邓平寿的手，流着热泪连声感谢。

千丘村6组周勋科外出务工没路费，邓平寿将钱送到他家。不出几年，周勋科不仅还了5000元贷款，而且盖起了新房，全家人都把他视为恩人。1997年夏天，邓平寿在集体村检查工作，得知10多岁的邓广春母亲外出下落不明，父亲严重残疾，家里只有他和残疾父亲，因为没有钱而辍学了。他当即到邓家，对邓广春说："你去上学，学费我出。"8月20日，邓平寿亲自把孩子送到学校，此后每学期给他缴500元学费。为了不让这个孩子穿得比别人寒酸，逢年过节，他还买身新衣服、新鞋袜等送去。后来，邓广春毕业工作了，月工资近2000元，他第一个月的工资要给邓平寿买件礼物，每次回到虎城的第一件重要的事情就是要去看望他的邓爷爷……

→ 百姓如天

★★★★★

著名诗人臧克家曾经写道："给人民做牛马的，人民永远记住他！"邓平寿常说"百姓如天"，自己会像对待亲人一样去服务好人民！承诺如山，它丈量出一个人的高度；承诺如水，它映照出一个人的境界。一生去实践承诺的人，他的心中一定有坚如磐石的信念！一生去实践承诺的人，他的心中一定有恒久不变的信仰！你把百姓举过头顶，百姓就把你揣进心窝。邓平寿永远把老百姓放在心里最重要的位置，大家也在他的带领下齐心协力在致富路上奋力前行。

"他喊做的事，我们都知道是为我们好，都保质保量地做。"千丘村村民杨嗣才说，"他说一是一，说二是二。栽桑树一株补3角钱，修栏杆一户补100元，从没打过折扣。他说话从不放空炮，我们也从不让他失望。村子就一步一步发展起来了。"

村民洪品强说："邓书记真是把我们老百姓装在心里，有时候，都超出我们的预料。"洪品强说的"超出预料"是指2002年发生的一件事。那一年5月的一天深夜，村民周汉富的房子突然垮塌。天刚蒙蒙亮时，早起的洪品强发现了垮塌的房子，就赶紧给邓平寿打电话。邓平寿马上就问："伤人没有？"然后紧接着说："我马上来！"洪品强看了看时间，刚刚6点半，很多人还没有起床。他说："三里多路，加上起床穿衣，我估计邓书记至少要半小时才能到。"然而，出乎他意料的是，仅仅12分钟，邓平寿就到了，他几乎是一路小跑，跑到了垮塌的房屋前才停住。见没有伤人，邓平寿才长长地出了一口气，然后跟村组干部一道，忙这忙那，帮着对房子进行整修。等到他离开的时候，已是下午2点多钟了。

百姓利益无小事！邓平寿不仅把百姓的苦难记在心上，而且把百姓的小事也认真当回事。有一次，在巴林村有一个老大爷和一个老大娘，为三个鸡蛋的事吵得不可开交，这家认为那一家偷了他的鸡蛋，另一家认为对方是在污蔑他。两家吵得越来越厉害，就连村里的干部也不知道如何处理好，后来两人就闹到邓平寿的办公室来了，请书记帮忙评判一下。两人在沙发上争执的时候，不小心将鸡蛋打烂在沙发上，弄得两人觉得很不好意思。邓平寿不仅没有生气，反而笑呵呵地拿起一个喝茶的纸杯子，将鸡蛋放在杯子里，然后亲切地说："大爷大娘，你们两个不要争了，这鸡蛋我邓平寿买了。这样好吧，你俩不要为这点小事吵了，我给你一人两元钱，算我买你俩的鸡蛋！"听了邓平寿的话，两人都觉得不好意思了，矛盾也自然化解了。这些年来，邓平寿处理老百姓之间类似的这种小事太多了，并每次都乐此不疲，大家有了难评判的事情也都愿意找邓书记。邓平寿常跟镇干部说："我们眼中的小事，可能就是群众的大事。没有大事，群众不会来找我们。"就是在不厌其烦地处理这些日常小事的过程中，邓平寿和老百姓之间的关系越来越好。

2003年的一天上午，千丘村里两家农民为土地发生纠纷，把几棵柚子树砍了，吵了起来，还动了手。因为邓平寿是驻村干部，大家就把他找来调解。邓平寿先来到其中一个姓余的妇女家，笑着说要找点水喝，余某正在气头上，竟指着他骂了起来，骂得很难听。邓平寿站在那里，静静地听着，一句话都没有说，旁边的干部忍不住想回嘴，却被他拦住了："不许说！"从余某家里出来，邓平寿走到唐春艺的副食店门口，坐在板凳上，紧皱着眉头，手紧紧地抓住板凳，坐了很久，才深深地叹了一口气。唐春艺知道，邓书记一片好心没得到理解，走过去想安慰他两句却不知说什么好。后来，邓平寿又冒着再次被骂的危险，几次到余某家做工作，最终调解了两家的纠纷。

决不让老百姓吃亏是邓平寿一直坚持的原则。2006年，虎城农民在上级农业站的鼓励下种青蒿获得大丰收，却遭遇市场价格下跌。镇里开会，邓平寿拍板："农民损失，政府买单！"当年镇上从有限的开支里挤出4万元，补贴青蒿收购。邓平寿去世后，收购点的负责人，拿出了一张2万元的收据，原来当年因为镇里财政困难，邓平寿竟然把自己的积蓄悄悄地拿出来，为收购群众的青蒿应急。他说："绝不能给老百姓打白条！决不让老百姓吃亏！"

虎城百姓：我们从来没把邓书记看成什么官

加强领导班子和领导干部作风建设、密切党员领导干部和人民群众的联系一直是我们党工作的重点，正如毛泽东同志在《为人民服务》中所说："因为我们是为人民服务的，所以，我们如果有缺点，就不怕别人批评指出。不管是什么人，谁向我们指出都行。只要你说得对，我们就改正。你说的办法对人民有好处，我们就照你的办。"正是因为邓平寿始终牢记为人民服务的根本宗旨，不仅深刻理解而且模范践行了一切为了群众、一切依靠群众和从群众中来、到群众中去的群众路线，成为虎城百姓见过的最没有官架子的领导干部。直到今天，很多虎城百姓提起邓平寿都赞不绝口："我们从来没把邓书记看成什么官！邓书记真的是为人民服务的楷模，干部都向他学习，干群关系永远不会紧张！"

➔ 第一节 俭

★★★★★

　　从古至今，官员作为社会的精英阶层，其工作和生活方式对社会的价值观有着很强的示范和引导作用。而作为共产党的领导干部，艰苦奋斗则是其应该有的品质。领导干部的言行，关系党的形象，决定党在群众心目中的分量。勤俭节约一直是我们党的优良传统，也是广大党员干部的行为准则。但改革开放以后，在市场经济大潮的冲击下，受西方不良思想的影响，不少干部忘了节俭的美德，不仅造成了极大的浪费，而且损害了党的形象，败坏了社会风气。对此，邓平寿有着深刻的认识，他的节俭不仅是虎城镇第一，甚至在整个梁平县乃至整个重庆市可以说都是第一，在全国也很难找出来像他这么节俭的领导干部。作为虎城镇第一号人物——镇党委书记，邓平寿的办公室非常简朴，迎门一排泛白的褐色沙发，早已经是破破烂烂；左侧挨门是办公桌，椅子和文件柜等颜色斑驳，椅子的四个椅腿没一个好的；饮水机的水龙头破了，邓平寿看漏水厉害，就用黑胶布一缠，再用绳子绑着接着用，绳子永远是湿漉漉的。

时代先锋　**群众的好公仆邓平寿**

△《求是》2007年第14期封二图文报道邓平寿的事迹

邓平寿平时都住在办公室楼上的宿舍，周末才回家。他的宿舍在最顶层，雨水浸湿的墙皮已泛黄，夏天热，冬天冷。狭小的宿舍里没一件像样的东西，柜子、床、桌子、凳子都是二十年前的旧家具，"床头柜"干脆是两个旧板凳搭的……而对于这些来自五湖四海、各具特色的家具，邓平寿却当宝贝一样如数家珍："这是我在波漩时用过的床、这是我在楚家时用过的桌子……"不知道的还以为波漩、楚家是名胜之地。其实那只是原来虎城的两个乡，这些家具都是陪伴了邓平寿很多年的，他一直舍不得扔。宿舍里有一根横贯屋内的绳索，就被邓平寿当作了"衣柜"，上面挂的一条秋裤，手掌大的补丁很是显眼，裤脚绽线处用黑色的线粗粗缝上，一件贴身背心胸前已有四五个洞。

宿舍里唯一的奢侈品是一台空调，是邓平寿自己花钱买的。那是1998年，他买了一台空调准备送给大女儿做嫁妆，但女儿心疼父亲住在顶楼夏天很热，就坚决不要，希望父亲安在宿舍用。父女俩几番推辞，就把空调搁在了那里。一直放到2006年，这一年是特大旱情，持续高温让住在宿舍顶楼的邓平寿实在熬不住了，就请人来把空调装上。安装工来了之后，发现这"怪物"还是一个好多年前的带"脐带"（连体摇控器）的空调，笑得前仰后合，费了好大的功夫才安上。

邓平寿爱喝茶，茶叶是5元一斤的老荫茶。而他泡茶的保温杯已经服役30多年了，那是1976年他参加县基本路线教育工作团工作结束后，县委赠送了一个保温杯作为纪念。由于使用了很多年，这个保温杯白色花底的塑料外壳已经很难一眼看出是什么颜色，内胆换了好几次，外壳裂了口，胶布缠了一圈又一圈。逢乡亲们赶集的日子，他一般不下村，一早到办公室，就用这杯子泡上满满一杯热茶，往办公桌旁一坐。办公室氤氲着茶香，不一会儿乡亲们就一拨一拨来了，那破杯子就开始在人群中传递。乡亲们你一口我一口，边喝茶边聊天，很开心。

后来杯子实在太破了，邓平寿曾狠心换了个老板杯，银光闪闪的，也很好看。但是或许太耀眼，乡亲们竟恭恭敬敬地端着，不往嘴边送。他私下悄悄一问，原来乡亲们怕弄坏了新杯子。邓平寿一拍脑门，就又花了几块钱买了一个跟他原来那个颜色样式相近的保温杯，悄无声息地换下了老板杯。果然，乡亲们又像以前一样，端起杯子就喝。看到乡亲们一口口喝茶，他像孩子一样开心地笑了。

邓平寿无论在哪里都非常节俭，这么多年不仅成了习惯，而且影响、带动了全镇干部。1999 年，他带领镇干部职工十多人到湖北宜昌、武汉考察企业和集镇发展，不仅放弃了乘坐飞机，而且压缩了住宾馆的次数，否决了 8 元一张的葛洲坝门票，带领大家全部利用晚上乘车坐船，还舍不得买卧铺，大家挤在过道上打盹。原计划 6 天的行程仅用了 3 天，节省开支 5000 多元。

虎城距县城有 60 多公里，到县里开会邓平寿舍不得花住宿费，无论散会时间多晚，他都是会一散就拔腿走人。偶尔遇到非住不可的情况，他也不白住，不仅常常让别人和他一起住，而且每次临走时都将宾馆给房间里配送的小香皂、小牙膏、牙刷、洗发液、沐浴液等裹挟一空，带回办公室作为"礼物"送人。

有一天，他跟一个村干部谈完工作，从抽屉里摸上这么一件小东西出来，递到人家面前很郑重地说："这件事做得好，奖励你！"现在的村干部大都是见过世面的，一看就知道这个小东西是宾馆里用剩下的，就笑嘻嘻地将他的手推回去，大声说："工作是应该做的，奖励心领了，这个，还是书记你自己留着用吧。"

"真是不识宝！"看着村干部远去的背影，邓平寿忍不住"骂"一句。从此以后，他再也不给村干部发"奖品"了，而是把那些宝贝东西送给村民。

看到村民将那些小巧玲珑的玩意儿攥在手里像宝贝疙瘩似的，他开心地笑了。

邓平寿也喝酒、抽烟，但从来没见过他抽好烟、喝好酒。他常常是山里田里奔波一天，晚上吃一碟泡菜，喝二两散装老白干，抽着 5 元一包的香烟，就是对自己的一种犒赏。下村检查指导工作，到村干部和农民家里吃饭，他最喜欢的是泡菜下烧酒。有人说他不懂得享受生活，但他却觉得很享受。

→ 四子歌谣

★★★★★

1929 年 9 月 28 日，《中共中央给红军第四军前委的指示信》中第一次提出了"群众路线"这个概念。群众路线是党的根本工作路线。以毛泽东为代表的中国共产党在长期斗争中形成了一切为了群众、一切依靠群众和从群众中来、到群众中去的群众路线，也被认为是毛泽东思想的活的灵魂的三个基本方面之一。邓平寿不仅牢记而且深化了群众路线，在全心全意为人民服务中诠释了真正的共产党人应该如何和人民群众心连心，如何和人民群众融为一体！

在一些地方，乡镇干部下村组调研、办公，常常坐的是小轿车或者面包车，司机一天来回接送几趟，要办事的群众往往因为隔着车玻璃，与干部们擦肩而过也不认识。由于乡干部与老百姓隔着一定距离，存在干部找村民、村民找干部的"两难"，干部和群众心连心成为一句空话。而在虎城，是没有干部会这么做的。"农民的问题在地里，我坐在小车里，农民不会来找我说话办事。"这是邓平寿常说的一句话。因此,在邓平寿的带动下,虎城镇的干部下村从来没有人乘汽车,常常是近的走路过去,远的就骑自行车。在虎城镇,几乎每个人都知道邓平寿的几个绰号——"泥脚书记"、"草鞋书记"、"挎包书记"、"田坎书记",熟悉他的"四子歌谣"——不坐车子,不拿扇子,不戴(草)帽子,手里有块汗帕子。而这些"绰号"、"歌谣"无疑是邓平寿在民众中的口碑,挂在他办公室墙上的那幅"位不在高,勤政则名。官不在大,为民则灵"座右铭给了我们最好的解释,这是邓平寿的座右铭,也是他的人生信念和追求。

赵洪越是2005年12月31日到虎城镇任镇长的。刚来时,邓平寿的工作作风让赵洪越很不理解:除了开会,邓平寿长期泡在村里,不坐车,每天走十几里路。来后不久,邓平寿带他下村,到的第一个村便是最远的八林村,来去走了5个小时。第二天,腰酸背痛的赵洪越起不了床,邓平寿却又下村去了。在下村的路途中,赵洪越逐渐发现,邓平寿的路没有白跑,百姓喜笑颜开地端杯水出来,他递一支烟过去,那样融洽的干群关系,绝不是在办公室里坐得出来的:"邓平寿硬是用脚踏平了办公室与田间地头之间的那道坎。难怪老百姓说虎城70多平方公里的土地上,哪棵桑树树干没刷白,哪条路垮了块石头,他都晓得。"

当官不为民做主,不如回家卖红薯。"给群众一滴水,就会滋润群众心田的一方土地。"这是邓平寿常说的一句话,也是他和群众血脉相连的感情根基。他深知,乡镇的基层干部作为直接接触老百姓的第一线干部,说的每一句话,做的每一件事,老百姓都看在眼里、记在心上,因此,基层干部在工作中既要有"为民做主"的意愿,也要有群众认可的适当的方法,才能取得满意的成效。多年的乡镇工作经验使邓平寿深刻认识到,只有从思想上、情感上将自己置身于人民群众当中,深入群众听民声、察民情、解民忧,身临其境感受群众所思所盼,设身处地了解群众所需所想,才能始终把群众的呼声作为自己工作的第一信号,把关心和服务群众作为第一职责,把群众满意作为衡量政绩的第一标尺,在谋求经济和社会发展中,在为民办事中领悟执政为民的深刻内涵,才能真正为老百姓多干好事实事,真正为人民群众服务好。

虎城镇的干部都清楚记得,大家常常看到,白天跑了一天的邓书记,夜晚他办公室的灯光依然亮到很晚。这时的他总在做两件事：一是打电话，17个村的村主任挨个打一遍，询问各村的情况，交流他白天看到的问题。第二件事就是读书，特别是农业技术书籍……并且，邓平寿是全镇里出了名的"活电话簿"，他可以一口气说出一百多个电话，不仅能记住镇、村干部和镇里很多单位负责人的电话，还记得不少村民的电话。这并不是因为他记忆力强，而是因为他为工作的事经常联系大家，时间长了就自然记住了。而正是在这种实实在在为人民服务的工作中，邓平寿赢得了同事们的拥护和乡亲们的信赖、爱戴。

➡ 不像当官

★★★★★

所谓"官架子"就是大家常说的官僚做派，实质上是封建官僚思想的遗毒作祟。在封建时代，根据宗法制关于"礼"的规定，官员有与其级别相对应的特殊待遇，比如五品以上的官员才能享受八抬大轿，又比如百姓见官必须跪拜行礼等。而这些封建残余到了市场经济大潮下的今天，逐渐演变成了当代的"官架子"，使得不少领导干部不知不觉中成为高高在上、脱离群众的"官僚"，完全背离了人民公仆的职责和为人民服务的宗旨。在某些人看来，当官要有"官样"，总得与平民百姓有所区别，"有权"了当然也得"有势"，否则就混同于普通老百姓，脸上无光了。生活中的官派头时有所见，下乡是前呼后拥，车水马龙；赴宴是山珍海味，美酒佳酿；座驾是新潮豪华，越高档越好；

工作、生活圈子始终离不开官场，总是说官话，摆官架，做官样文章；他们见了上司低头哈腰，见了下属和群众则趾高气扬，乃至利用权势为所欲为……显然，官派头就是逞官威，就是高高在上脱离群众的代名词，也是蜕化变质的同义词。倘若官员染上官派陋习，所辖的地方部门必然是挥霍成性、官僚十足、问题成堆。如此做"像官的官"，只能脱离群众，拉大干群距离，激化干群矛盾，为民众所厌恶，被民众所抛弃。因为百姓的心跟明镜一样，官员是贪图享受、一心谋私利，还是踏踏实实为百姓服务，他们一眼就能看出来。这也是不像官的邓平寿赢得人民爱戴的原因所在。

在邓平寿身上，根本没有一点"官架子"。在虎城镇老百姓眼中，邓平寿一点不像个当官的，他们也没有把他当成什么官。虎城镇的很多干部都记得，每逢二、五、八是虎城的赶场天，没有特殊情况，邓平寿就会早早起床，吃点早点，打扫干净楼道和办公室，和镇里干部交代一下工作，然后就在办公室里泡上一大杯热腾腾的老荫茶，一边工作，一边乐呵呵地等着乡亲们来。8点刚过，只要邓平寿办公室的门开着，挑担子的，背背篓的，抱着小孩的，抽着旱烟的，赶场的百姓就会一溜一串地欢欢喜喜往里钻，讨口水喝，谈谈家务事，说说遇到了什么麻烦，你挨我挤你坐满了靠窗的沙发，一屋笑语欢声。邓平寿总是微笑着听大家说，有问题就记录到笔记本上。

天长日久，邓平寿办公室那套足以挤下十来个人的棕色人造革沙发，坐垫早已很多处磨掉了皮、裂开了口，透出白色的里子。邓平寿去世后接任虎城镇党委书记的赵洪越深有感触地说："这都是村民的屁股磨的，邓书记的办公室是对乡亲们开放的，随便哪个乡亲都可以大摇大摆地走进他的办公室。"

放下"官架子"，甘为"孺子牛"。在群众面前放下"官员"架子，淡忘"官员"身份，绝不意味着在工作中可以淡忘自己作为党员领导干部的责任。"县委书记的好榜样"焦裕禄生前说："新干部不参加劳动，就不能明确树立阶级观点、群众观点；老干部长期不参加劳动思想就要起变化，要变颜色！"正因为如此，无论工作多忙，焦裕禄一直坚持深入人民群众中间，积极参加集体生产劳动，始终保持劳动人民的本色。他经常和群众一起翻地种粮、封沙丘、种泡桐、挖河渠……成为一代代共产党人学习的榜样。邓平寿的身上就有着很多焦裕禄的影子，他每次下村，必然有三样"宝"伴随：解放胶鞋、帆布挎包和笔记本，被乡亲们亲切地称为"下乡三宝"。

在邓平寿办公室一个不显眼的角落，摆放着三双鞋：皮鞋是上县城开会时穿的，鞋面"沟壑纵横"已经多处开裂，鞋尖也早就变形，但仍在"服役"；雨靴是雨天下村时穿的，直到最后一天被脱下来时还

△ 邓平寿（右二）和乡镇干部在乡下一起研究工作

沾着厚厚的黄泥；平时下村，邓平寿最常穿的，还是当地百姓脚上最常见的军用胶鞋。

穿身布衣服，肩上背个洗得发白的黄色军用帆布挎包，是虎城百姓心中"标准"的邓平寿形象。这个他下村时经常背着的黄色挎包里常常背着桑剪、嫁接刀、蚕药和技术资料。就是靠着这些宝贝，邓平寿常常手把手地教农民修枝和嫁接。在路上，看到哪个农民挑一挑担子，他会接过来帮他挑一肩；看到哪个农民在给果树修剪枝条，他会摸出剪刀来帮他一阵。趁机也把多年的嫁接、修剪知识与乡亲们聊一聊、说一说。正如很多乡亲们所说，邓书记来到老百姓中间，如果不认识他又没有人介绍，你根本看不出来他和一位老农民有什么区别。对于有人说他没有当官的样子，邓平寿呵呵一笑："我本来就是农民的儿子，现在也不是什么官员，只是一名人民公仆而已，就应该没有官架子！"正如他经常对镇里的干部们说的，作为乡镇干部，经常要面对基层群众、困难个体，唯有淡化干部、官员身份，以平等姿态交流，才能听到真实的声音，了解到真实的情况，实实在在体察到民间疾苦，踏踏实实为群众办实事、办好事。只有把群众当作亲人，带着感情深入群众，在与群众的交往中动真情、用深情、增感情，对群众的疾苦才会入脑上心，才能真正做到与群众血脉相连、鱼水情深。他这么说并且这么做了，自然成了人民群众的贴心人。

虎城镇副镇长刘政辉是1997年大学毕业分配到虎城镇政府工作的。

一天，邓平寿叫他一起步行到村里了解蚕桑工作。看着书记临走时挎上鼓鼓囊囊的黄布挎包，刘政辉觉得很好笑，心想又不是出差，带那么多东西干吗？在路上，邓平寿教他该对村民说些什么、做些什么等等。看着邓平寿唠叨个没完的样子，刘政辉当时既不耐烦又有些瞧不起地想："你一个初中毕业生，我堂堂一个大学生，还用得着你教吗？"刚到目的地，刘政辉不知不觉中端起了"官架子"，双手叉腰站在那里，居高临下地对村民问这问那，想听他们汇报，自己也好做一番指导。没想到，村民们都埋头干活，理都不理会他。而听到刘政辉有句话问得又很不内行，村民们又开嘴巴就笑，搞得他脸都急红了。幸亏邓平寿赶忙上前打圆场，刘政辉才避免了更多尴尬。从那以后，刘政辉才真正开始佩服邓平寿，工作也安心了："是邓书记教会了我如何与村民们打交道，让我明白了共产党的干部不是什么官员，而是人民公仆；他教会了我如何与人民群众平等沟通和交流，明白了人民群众不仅是我们的衣食父母，更是我们的老师！他就是我的人生导师，我的良师益友！"

在邓平寿的遗物中，40多个笔记本格外引人注目。邓平寿白天下村，把调查到的群众困难记在本子上；晚上回到办公室学习，看见报刊杂志上与农村相关的文章，又一字不漏地抄下来。有一次下村，村民对退耕还林政策有疑问，邓平寿摸出他的笔记本一一解答，说得大家心服口服。有人问他怎么这么清楚，他得意地把笔记本递过去说："看，我是从报上抄下来的，信息绝对准确。"

2007年3月21日，习近平同志在一篇短文中这样写道："领导干部是作风建设的主体，应积极投身于'作风建设年'活动之中，恪尽职守，勤勉自励，既自觉承担起作风建设宣传发动、组织实施和监督检查等职责，又努力做良好风气的模范实践者和积极营造者，以进一步改进工作、转变作风、树立形象，增强凝聚力、战斗力、号召力。领导干部既要严格要求自己，也要严格要求他人，要求别人做到的，自己首先要做到；禁止别人做的，自己坚决不能做。要防止隔岸观火光吆喝、卷起袖子不干活的现象，带头把自己摆进去，既抓好本级，又带好下级，一级带着一级干，一级做给一级看，真正做到以身作则，率先垂范，切实发挥领导班子和领导干部在作风建设中的引领和主体作用。"邓平寿的事迹正是印证了习近平同志的讲话。

在虎城创业兴业的人：请邓书记吃顿饭太难了

招商引资是改革开放以后出现的一个新名词，主要是指地方政府吸收外来企业、企业家来本地投资进行创业兴业的活动。在"一切以经济建设为中心"的口号下，招商引资一度成为各级地方政府的主要工作，并且在各级政府报告和工作计划中出现，有的地方甚至为了招商引资挖空心思、绞尽脑汁。但是邓平寿抓招商引资工作却有自己独特的一套，其中最关键的是要为所有在虎城创业兴业的人全心全意做好服务，竭尽全力帮他们解决苦难。他常说的一句话就是"我是在虎城创业兴业的人的第一服务员！"而他所做的这一切，都是为了虎城的经济发展，没有一点私心。他帮了很多人，却一顿饭也不吃他们的。

→ 以心换心

★★★★★

2007年2月5日，邓平寿的灵车开进虎城的那天，洪泰烟花爆竹有限公司的副总经理陈刚一直走在送行的队伍中。尽管那天他一直保持着一种奇怪的姿势——右臂被铁架和石膏撑得与肩平齐，但陈刚却一刻也没闲着，他一会儿前，一会儿后，一边不断擦着悲伤的眼泪，一边不断用沙哑的声音提醒放鞭炮的人。那天燃放的鞭炮都是洪泰企业自愿提供的，从进入虎城境内就响起，响彻七八里路，一直响到邓平寿的家里。他告诉记者，他一直尊称邓平寿为"师傅"，因为邓书记不仅帮他干事业，更教会了他如何做人。但遗憾的是，邓平寿作为陈刚的恩人，连陈刚想请邓书记吃顿饭的心愿也没有实现，"我希望邓书记能听到我的鞭炮声和哭声！"

2006 年 3 月，虎城对外招商引资，陈刚准备找一个合适的地方建一家烟花爆竹厂，听说"虎城镇有个人人赞不绝口的好书记，踏踏实实为老百姓办事的好领导！"这很让看重投资环境的他动心，就冲着邓平寿的名声来虎城考察。陈刚至今仍清晰地记得第一次见到邓平寿的情景，邓平寿迎在镇党委办公楼前的坝子口，非常热情、声音洪亮地说："欢迎平津来的客人！"

坐下来之后，邓平寿热情地询问陈刚有什么要求、想法，表示一定要全力帮助解决、落实。第一次见面，邓平寿承诺："别人给的方便和优惠政策，我们给；别人不给的，只要法律和政策允许，我们也给。"陈刚记得邓平寿多次对他说："虎城来了你们这些投资老板，会很快发展起来，虎城的百姓该过好日子了！"

一个月后厂址确定在陈家村，虎城土地上第一家上规模企业破土动工。建厂要改建一条公路，牵涉到几千人的利益，摁了这里翘了那里，很快就不能正常施工。那是 6 月的一天，因土地补偿问题，五六十个村民捅到厂里，拦在路上，不让拉材料的车子进出。建厂工作刚开始就被迫停了下来，陈刚心急如焚。他赶紧给镇经发办打电话，挂了电话想了想还是不放心，又拨通了邓平寿的电话。邓平寿接到电话后，十多分钟就赶了过来。

这时候，陈刚第一次真正感受到了邓平寿的人格魅力。只见他往人群中一站，喧闹的群众马上就安静了。他走到人群中间前后左右细细打量了一阵，才温和地缓缓说道："大家知不知道？这么大的企业落到我们虎城，是我们虎城的幸事，我们是求之不得。别的不说，可以解决我们几百人的就业就不简单啊。现在，人家把厂址选在陈家村，就更是陈家村的幸事了。这道理不是明摆着吗？你们为什么要阻拦呢？"

"建厂欢迎，关键是改路后怎么走？"几十户人家，各人站在各人的立场上，各人有各人的打算，这个要这么修那个要那么修，厂里依了这个那个吵，依了那个这个不从，大家说着说着又开始喧闹起来。看到这阵势，陈刚真的担心那路是没法改建了。"路改不了，厂就没法建。那我就亏大了！"

看到现场的情况，邓平寿又一次大声对大伙说："你们围在这儿能解决问题吗？吵成一锅粥，我看你们就没打算把问题弄清楚。走，各方选出你们的代表，到村委会办公室我们一起来想办法。其他人散了吧，别影响施工。现在有什么问题，我们政府帮助解决。我邓平寿啥都信，就是不信这世上有修不通的路！"

听了邓平寿的话，围了两个小时、吵得一塌糊涂的人群不再喧闹，大部分人立刻安静地散。在邓平寿主持下，几个回合讨论下来，终于敲定了一个方案，几方代表都点头认可了方才散场。

但没想到一波未平一波又起，这边的村民刚稳定下来，另外一队人又跳将出来，拦下铲车不让施工。陈刚只好又赶紧打电话给邓平寿。邓平寿接到电话立即再次赶回现场，把领头的几个人叫到路边，蹲在树下耐心做工作。几人见邓平寿说得有道理，答应不再闹事。但没想到邓平寿一走，陈刚一开工，这些人又觉得不是那么回事，立刻又拦在路上。眼见一天天过去，陈刚急得脸红脖子粗，很后悔来这里投资，甚至连拍屁股走人的心都有了。

邓平寿也非常着急，他就一边做群众的工作，一边拍着陈刚的肩膀安慰他："兄弟，你心要稳。我们这里老百姓见识少了点，脑筋一下转不过弯来，但他们淳朴，好相处。你放心，老百姓这些事交给我，我会为你把一切障碍处理好；你把厂建好，千万不要起走的心。"

虽然邓平寿说的话很让人温暖，但现实却有些不容乐观。仍然有几个老百姓不让步，导致工程就是开不了工。看到这些情况，邓平寿的眉头越皱越紧，最后他终于按捺不住，将手一挥："陈总，开工！将铲车开过来。"

陈刚不知道邓平寿葫芦里卖的什么药，但还是按照他的话，让人把铲车"突突"地发动了。这时候，只见邓平寿将衣服一脱，"哗"地往地上一掼，迎着徐徐启动的铲车跳到路当中，背对铲车，双臂长伸大步向前走，给铲车开路，嘴里喊着："跟着我！我看谁敢来拦车！"他的话声震云霄，震住了在场每个人。

那天，邓平寿就这样引领着一辆铲车在一面山坡上徐徐前行。在场的镇干部、村干部和一些村民不自觉地手拉着手，筑成了一道移动的人墙，在道路两旁，跟着铲车缓缓移动，不知是想保护什么，还是要表达什么。

什么声音都没有，除了铲车的声音。那是一个陈刚从没见过的场面，他感觉有一股强劲的热浪从胸膛最深处往上冲……

从那以后，就再也没有人来闹了，工程进展十分顺利。改建的公路路基推出后，陈刚就把路面硬化、水沟整修等工程都承包给了当地的农民，不计较当初谁反对过、谁阻挠过。农民这么快有了工程做，有了收益，很感谢陈刚、感谢邓平寿。

→ 主持公道

★★★★★

好事多磨，陈刚改建公路的事情刚有了一个完满的结果，他又遇到了一件卡脖子的事情。原来，陈刚建厂需要三万多块砖，在虎城买要 0.21 元一块。但从距离虎城远一些的屏锦镇买砖却便宜很多，一块砖加上运费也只需要 0.18 元。而这时候，虎城等五个镇乡七八家砖厂，已联营成立"西山片区协会"。协会的成立，稳定了价格、市场，但同时又出现了垄断经营，不准外面的砖拉进来。陈刚想从屏锦镇买砖却运不进来，多花冤枉钱又不愿意，只好又找到邓平寿。

邓平寿一边安慰陈刚别着急，一边马上找来了"西山片区协会"的负责人唐书权。当着唐书权、陈刚的面，他很严肃地说："买卖自愿，既然价格谈不拢，你们能在哪儿买到便宜的就到哪儿买，进了虎城境内，就是我们政府保护外来企业的事了。我这个书记就是要为企业主持公道，做买卖就要公道，不允许任何企业欺行霸市！今后陈刚就大胆运砖过来，谁有本事拦车，就先拦我！"

此后，陈刚就开始从屏锦拉砖到虎城来，一路畅通，再也没人阻拦。拉了六车之后，唐书权主动来到邓平寿的办公室，表示愿意好好谈谈，希望能谈成一个大家都能接受的价格。这次以心交心的谈判下来，一块砖的价格最后确定为0.185元，双方实现了双赢合作，一场剑拔弩张的矛盾以双方皆大欢喜结束。

经历了这几件事，陈刚才完全掂量出邓平寿说话的底气。这里的各种优惠政策，或许别的地方都可以给，但有一点是很多地方难以做到的，那就是一位亲人般为你主持公道、雪中送炭的领导。邓平寿这个党委书记不但为来投资的企业上下协调土地租赁、公路调整等事宜，还亲自帮着干抬杆、拉尺给企业量地等体力话，更为维护企业的权益敢于碰硬，真的印证了他常说的一句话："我是在虎城创业兴业的人的第一服务员！"并且，任何时候有困难向他求助，他从来没有拒绝过。有这样的好领导，来投资的企业怎能不好好干？

在邓平寿的大力支持下，克服了很多困难，排除了不少干扰，仅仅用了一个月，虎城镇里最大的企业——洪泰烟花公司就建成了，不仅为镇里的经济发展做出了贡献，而且一下子解决了八百多个农民的饭碗。洪泰烟花公司正式开业那天，陈刚放了很长时间的鞭炮，很多乡亲们都来捧场。

以心换心使得邓平寿赢得了陈刚内心深处的敬重，一个月下来，邓平寿也多了一个"徒弟"，这个徒弟是自己找上门来的。走南闯北的陈刚在一次次诧异之余对邓平寿顿生钦敬，主动提出要拜邓平寿为师："他的为人处事征服了我。不论在哪个方面，他都足以成为我的老师。"从此，他一直尊称邓平寿为"师傅"，就是要学习并像他那样为人处事，做一个光明磊落、受人尊敬的人！

在虎城，很多人都很容易遇见邓平寿，他不是去这个村就是去那个村，并且几乎都是走着去。每次在路上碰到邓平寿的时候，陈刚总会停下车，要送他一程，而他从没上过车，只大声问问企业的情况，工人的福利好不好。陈刚几次提出要请邓平寿吃顿饭，表示一下感谢，都被邓平寿拒绝了，"只要你把企业搞好了，比请我吃一百顿饭都强！"

邓平寿没有吃过一次这个"徒弟"的饭，却反过来请陈刚到自己家里吃饭。有时周末回家，邓平寿偶尔会拉上"徒弟"到家里吃饭，吃完饭，还要把家里个头最大的几只鲜柚，还有陈刚爱吃的泡菜装进口袋让他带走。邓平寿去世后，在陈刚的家里永远地保留着一只风干的大柚子："这是师傅留给我的，我舍不得吃。"

邓平寿病倒后住在重庆医科大学附属第一医院。当时陈刚因车祸手臂骨折，在重庆新桥医院做手术。得知邓平寿病危住院的消息，术后三天，陈刚好几次请求医生："让我去看邓书记一眼吧！"他做手术没哼一声，但那时止也止不住的眼泪感动了医生。被感动的医生决定破例一次，并且专门派了一位护士陪同陈刚到重医附一院，在那冰冷的窗玻璃外见了他敬仰的书记、"师傅"最后一面。他说："我站在重症监护室外看他，心酸地想：躺在这里，您可以歇歇了！"邓平寿去世后那几天，刚做完骨折手术的陈刚几乎天天在为邓平寿守灵。当他一个人坐在沙发上，想起师傅时，眼泪还是会止不住地往下掉，妻子一开始很纳闷："走南闯北，什么风浪没见过。怎么这么多愁善感了？"后来知道了真正的原因，妻子也连着好几天陪着陈刚一起为邓平寿守灵。

没能请师傅吃上一顿饭，没能正式地对师傅说一声谢谢，成了陈刚永远的遗憾："每次他都说，企业还在发展阶段，要节约。让我好好干，等将来发展好了再吃。"

▷ 洪泰烟花爆竹有限公司的副总经理陈刚回忆邓平寿书记对自己的关心和帮助（摄影 朱继东）

→ 额外关心

从广西桂林来到梁平投资的重庆市梁平鸿丞竹木公司的负责人何漓荔、谢裕明有着和陈刚一样的遗憾。2006年3月，到梁平考察的何漓荔和谢裕明漫无目的地登上从梁平县城开往虎城镇的班车，车上就有虎城镇的副镇长蒋铭号。通过蒋铭号的介绍，第二天，何漓荔、谢裕明就见到了邓平寿,感觉也是非常亲切。"当时我们觉得能认识地方的领导很不容易，就提出想请他一起吃饭。没想到，他不仅没有吃我们的，反而请我们在镇里的食堂吃饭，并为我们安排了住宿！"

并且，邓平寿又放下手头工作，亲自陪同何漓荔和谢裕明考察，介绍起每一处地方都像是对自己家里一样熟悉。何漓荔和谢裕明对哪一部分有疑问，他不仅自己解释，还会把镇里相关部门的负责人叫过来继续详细解释。短短三天时间，邓平寿勤奋敬业、为民办事的风格就折服了何漓荔和谢裕明，两人很快决定在虎城投资。紧接着，他们迅速回家，筹备资金。一个月后，何漓荔和谢裕明的重庆市梁平鸿丞竹木公司就落户虎城了。

经过近五个月的筹建，何漓荔和谢裕明的公司进入试产阶段。这期间，邓平寿经常过来，不仅为他们解决了从用电、原材料到自来水安装、工人招聘等很多困难，而且主动到县里、市里为企业争取优惠政策……这一切没让何漓荔和谢裕明花一分钱，没让他们请吃过一顿饭。"我们到过很多地方，见过不少领导

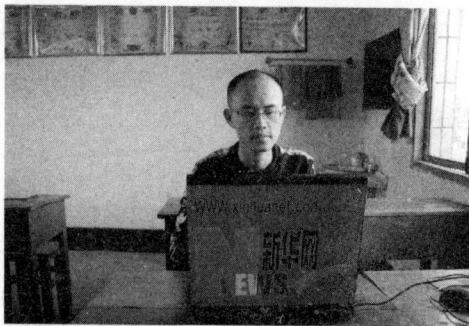

△ 梁平鸿丞竹木公司的广西老总何漓荔回忆邓平寿对自己企业的帮助和关心（摄影 朱继东）

干部，像邓书记这样的好干部是第一次见到。他帮了我们那么多，请我们到家里吃了那么多次饭，却拒绝了我们请他吃顿饭这样简单的请求，我知道他是不忍心让我们花钱破费请客，……他走了，我们感觉就像失去了自己的亲人，很多天沉浸在悲痛里！"

谢裕明的爱人黎旭兰非常清楚地记得邓平寿帮他们解决动力电问题的经过。有一天，黎旭兰突然接到通知，说第二天上午将停电。她一听急了："将近万元的订单怎么办？"放下电话就往邓平寿办公室跑，连门都没有敲一下就闯了进去。邓平寿听完后，立即拿起电话跟相关部门协调，把停电时间压缩到了最短的时间。最后，他还慈祥地看着黎旭兰，亲切地说："小黎，我建议你们买台发电机以备急用。今后，厂里有什么困难，你直接来找我。"回到厂里，黎旭兰把情况跟丈夫和同事们说了，大家既高兴又感动，马上让公司买了发电机。从那以后，临时停电再也没有对公司造成太大的损失。

后来，邓平寿怕何漓荔和谢裕明他们远离家乡感觉孤单，逢年过节都请他们到自己家里吃饭，陪他们一起过节，让远离家乡的他们感觉到了亲人般的温暖。有时他自己工作忙，就让爱人经常背一些她自己做的咸菜和一些小菜给黎旭兰。

2006年中秋节，邓平寿请何漓荔和谢裕明、黎旭兰来自己家里过节。吃着风味独特的家常菜，品着回味绵长的老白干，与邓平寿一家人亲切地唠着家常，他们觉得自己仿佛回到了家乡，正和家人在一起过这个团圆的节日。吃饭时，邓平寿一再关切地问他们还有什么后顾之忧。黎旭兰没有把邓平寿当外人，就说："我现在最担心的是儿子，他现在读高一了，虽然在重点中学读书，可自控力很差，从小学到初中都是我带着读过来的，现在突然离开我，肯定影响很大。"没想到邓平寿马上就说："那就带过来吧，我们梁平中学是重庆市的重点中学，教学质量是很好的。我帮你去联系！"黎旭兰感激地说："太感谢了，你什么事情都能为我们想得到，也做得到，真像我的父亲一样！"

邓平寿跟谢裕明联系的最后一个电话，是自己家杀了年猪，叫他们来家里吃饭。当时，谢裕明和同事在外面出差，正准备上飞机。出差回来，他给邓平寿打电话，邓平寿接电话的声音非常微弱，却并没有说自己在医院。听到那么微弱的声音，谢裕明还以为邓平寿喝醉了，就大声地说："老兄，你是不是喝醉了？"邓平寿只是顺着话说了一句："喝了点。"就再也没有多说。

邓平寿让黎旭兰非常悲痛，她在一篇为纪念邓平寿而撰写的博客文章中说："邓书记这种服务人民、处处为民着想的公仆作风，深深地感动了我。即使我在虎城发不了财，邓平寿却已经让我改变了人生观，这是在书本上无法学到的，也是我40年的人生经历第一次遇见的——一个经常穿着解放鞋走路上班的公仆，他的身上没有一件名牌，可他身上所折射出来的精神，却是这个社会永久的名牌！所以，朋友，我要告诉你，今后我无论怎么走，我都会有明确的方向，再也不会随波逐流。""在这里，我经常被感动着，我曾经麻木的心复苏了，谁说商人都是冷血的？我想：在这个世界上，人格魅力是伟大的，爱心是可以传递的，麻木的心灵是可以复苏的。有了爱民的书记，就有了质朴的村民，而我唯有发展好我们的公司，才能回报关爱我们的邓书记以及虎城的老百姓。邓书记，我会努力的！我们一定会努力的！"

我一定要让虎城的乡亲们过上好日子

在邓平寿家的门上曾贴着一副对联，上联是"走千家万户为民办实事一身正气"，下联是"尽五脏六腑奔四化建三乡两袖清风"，横批是"鞠躬尽瘁"。这是他的心声，也是他的真实写照，上面的每个字他都做到了！他两次放弃进城升迁的机会，面对不让他走的群众，邓平寿真诚地说："你们放心，虎城的事一天没做好，我就一天不离开虎城！""我一定要让虎城的乡亲们过上好日子。"他是这么说的，更是这么做的，他用一次次同人民群众心与心的交流，用自己一心为民的实际行动，用自己对党和人民无限的忠诚，用生命践行了对人民的承诺！

➡ 养蚕书记

★★★★★

虎城人养蚕，有几十年的传统，但老百姓只是拿它换点零用钱，一直形不成规模。前几年丝绸行业不景气，有的农户甚至砍了桑树。这时候刚担任镇党委书记不久的邓平寿看在眼里，急在心上，他召集镇里的干部们商量："毁桑一两天，栽桑好几年。市场好了，你没有桑树，拿什么养蚕？必须把大家组织起来，使养蚕真正成为为虎城人民带来财富和幸福的大产业！"于是，邓平寿就提出"耍好一条龙，壮大一根虫"的发展思路。"一条龙"是指百里柚子带，"一根虫"就是指蚕桑，明确宣布要使养柚、养蚕成为虎城经济发展的两棵摇钱树。

为了推动大家真正养好蚕，把这个产业做大做强，邓平寿带着镇里的干部天天下村组，给乡亲们讲种桑、养蚕的好处，耐心地一遍一遍给群众做工作。为了让大家心里更有底，他邀请市里、县里和大学里的专家到虎城讲解种桑、养蚕的技术，他一个镇党委书记竟然好多次一直陪着县蚕茧公司技术员以及其他单位的专家，认真学习桑树种植管护、蚕的喂养等等，竟然很快把自己培养成了一个专家。并且，为了给大家带头，邓平寿还动员爱人在自己家里栽桑养蚕，为群众做出了示范。直到他去世，他家里的栽桑养蚕一直没有停止。

虎城人都知道邓平寿每次下乡都背着一个破旧的黄色帆布书包，包里装的就是剪刀、蚕药、技术书，遇到谁家里需要帮助，他马上拿出工具帮忙处理。有一次，千丘村2组的养蚕大户罗立德家的三张蚕不吃食，眼看当年的收入就要打水漂儿，一家人急得团团转，不知道怎么办好。邓平寿听说之后立即赶了过去，蹲在闷热又气味难闻的蚕房里仔细观察大半个小时，最后确定蚕是轻微农药中毒。然后，只见他从挎包里掏出随身携带的蚕药喷洒下去，不到半天工夫，蚕就恢复了吃食。罗立德一家感谢得不得了，因为这三张蚕就是他们全家一年的指望啊！后来，这三张蚕卖了1000多元。每次只要看见邓平寿，罗立德老远就大喊道："邓书记呀，我们家娃儿读书、老人生病、油盐酱醋、人情往来都全靠那几张蚕，你可是救了我们全家的命！要不是你，我那年的生活可真的不知道怎么过了！"

虎城的人都知道，邓平寿简直把桑树当成了自己的命根子一样。一天，他来到千丘村，看见3组的孙泽寿正拿一把砍刀把桑树不该修枝的地方砍了，立刻急了，忙大声喊停。然后，他便快步走过去扯着嗓子吆喝："老孙，老孙，你过来，赶紧过来！"孙泽寿闻声赶紧过来，邓平寿递支烟给他，然后从挎包里掏出桑剪，钻进桑树地里边示范边说："你刚才修剪桑树可是太不对了，会把树弄死的。你看，'远看一把伞，近看光杆杆'，

△ 邓平寿在给各村负责人打电话了解情况

这样才对！"三下五除二，仅仅两三分钟，他就把一株桑树的枝修好了。然后，他又一口气帮着把孙泽寿的三十多株桑树修剪了一半，边剪边教，忙活了一个多小时，看孙泽寿基本学会了修剪等技术，又叮嘱了几句才走了。

就是在邓平寿的大力倡导下，几年时间下来，养蚕真的成了虎城的支柱产业，邓平寿本人也被称为"养蚕书记"。数据显示，到他去世前的2006年，虎城桑树种植面积已达4051亩，有桑树350万株，年养蚕一万余张，占全县养蚕量的三分之一。再加上他大力倡导种植柚树5000亩、25万株，年产柚子400万个。"一条龙"、"一根虫"每年为虎城农民创收1000多万元，不仅成为村民们最主要经济来源，也推动了全镇经济又好又快发展。

➡️ 教育书记

★★★★★

邓平寿对教育的重视不仅虎城人都知道，在整个梁平县也非常出名，被誉为"教育书记"。从虎城1992年建镇后，当了镇长的邓平寿便将教育视作虎城发展的生命。在虎城镇教了十多年书的廖情芬老师动情地说，在虎城，邓书记是我们心中的"好书记"，是娃娃们心中的"好爷爷"。邓书记太重视教育了，他为发展教育事业做过的好事，帮过的娃娃，数也数不清，说也说不完。仅仅是廖情芬，讲起邓平寿尊师重教的故事，就大半天没有讲完。

廖情芬是在课堂上认识邓平寿的，她至今都非常清楚地记得第一次和邓书记见面的情景。一天，她正在上语文课，发现一个农民把头伸进教室看了看，就死死地盯着黑板，感到很奇怪。下课后，廖情芬被校长叫过去和那个农民见面，校长的话让她大吃一惊，校长告诉她："这是我们镇的邓书记。"廖情芬听了心头有点紧张，一下子不知道说啥好，邓平寿却向她笑了笑："廖老师，课上得不错哟！"然后笑着关切地问："你们女孩子，要娇嫩些，生活适应吗？工作安心不？"廖情芬赶紧说："还行，还行！"邓平寿沉默了一会儿，真诚地说："廖老师，你客气啊！虎城很艰苦，老师待遇不高，这我都知道。但我保证，你们的工资不会拖欠一天，补贴不会少拿一分！娃娃的学习，就算我这个当书记的拜托你们老师了！"邓平寿说到做到，尽管镇里用钱非常紧张，但教师们的工资却一天也没有拖欠过。

1999年9月的一天，邓平寿到河口村，看到一个孩子在田头捡稻子，他觉得奇怪，都开学很久了，这孩子怎么还在田里，就把孩子叫过来，问他怎么不去读书。孩子低着头，邓平寿问了好几次，孩子好久才开口，说是家里太穷上不起学。原来这个孩子名叫王虎南，出生仅仅8个月父亲就死了，11岁时母亲又改嫁，孤苦伶仃的他只能和70多岁瘫痪在床的爷爷相依为命。邓平寿马上就跟王虎南去了他家里，只见里面黑咕隆咚的，除了一张垫在石头上的木床，几只缺了口的碗，再没有一件像样的家具。王虎南的遭遇让邓平寿心里很难受，也很受震撼，他回到镇里立即召开了紧急会议，讲了自己所见到的、听到的一切，含着热泪说："都什么年代了，虎城还有这么贫困的家庭，我们这些当干部的不心酸吗？不惭愧吗？路修得再多，蚕养得再好，娃娃没有文化，虎城还会是个穷窝子！"他当场拍板，由镇计生办、民政办、教办三个单位轮流负责解决王虎南家的一切困难，首先保证他读完初中。

从那以后，邓平寿就一直牵挂着王虎南的学业，逢年过节给他买新衣服、新文具。一天晚上，他正在办公室，听见屋外有响动，打开门只见王虎南蹲在寒风中抽泣。看到邓平寿，王虎南像见了亲人一样呜咽着说："邓伯伯，救救我爷爷……"原来王虎南的爷爷突发脑溢血瘫痪了。邓平寿听了之后，马上披上衣服拉上孩子一路小跑到了王虎南家里，王虎南的爷爷老泪纵横地望着邓平寿，想说什么又说不出来。王虎南懂事地对爷爷说："爷爷，我不读书了，我要照顾您！"邓平寿一把搂住他，拉着王虎南和他爷爷的手说："孩子的书是必须要读的，你们家的困难，说什么我们都会一管到底！"

邓平寿并没有就此打住，他关心的是虎城到底还有多少像王虎南这样读不起书的孩子。于是，他当时下定决心，今后的虎城，绝对不能让一个孩子失学！第二年开学前，邓平寿组织镇里在各单位抽调人员组成三个宣传队，到村组院坝去做说服家长、查找失学孩子的工作。并且他亲自带一组，常常和谁也不打招呼，独自一个人顶着毒辣辣的太阳，挨家挨户寻找失学娃娃，背上肩上的皮晒掉了一层又一层，胶鞋穿坏了一双又一双。一个月下来，全镇居然找到了140多个失学的孩子。然后，他把这些孩子组成了三个班，并从各个学校专门抽调老师上课。经济困难、成绩跟不上、家里缺乏劳动力等，是一些家庭让孩子辍学的主要理由，为了杜绝孩子们再次失学，邓平寿把这些孩子的家长集中起来，狠狠批评了这些错误思想，并当着孩子们的面很严肃地说："娃娃没有学费我们政府管，以后有哪个敢不让娃娃上学，莫怪我邓平寿翻脸！"

邓平寿深知，虽然自己掏钱承担了两个孩子的一切费用，但这样不能解决更多孩子的问题。他们的前程可耽误不起，众人拾柴火焰高，要想解决娃娃读书，就需要大家都动起来。在一次镇干部会上，他忧心忡忡地询问大家："我们可不可以为贫困儿童捐点款呢？"于是，大家你5元我10元地捐起来。看到这一切，他忽然眼睛一亮："我们也办个希望工程！"于是，在邓平寿的倡导和推动下，虎城也有了自己的"希望工程"，重庆市第一个镇一级的"希望工程"成立了，那天是1998年3月18日。从此，3月18日成了虎城的"献爱心"日，以虎城镇人民政府的名义下文固定下来。"希望工程"的收支项目向全社会公布，保证每分钱都用到孩子身上。每年3月18日这一天，全镇的男女老少都要为"希望工程"捐一次款，解决困难学生的学杂费，而邓平寿年年带头捐款，并且捐得最多。短短几年时间，"希望工程"就资助了200多名学生，并且使得全镇小学入学率每年都是100%。而对那些特别贫困的娃娃，邓平寿带头结对子，一下子就帮扶了4个学生，还经常资助一些家庭苦难的学生。廖情芬估算了一下，邓书记有一半工资恐怕都花在了学生身上！

孩子们上学的问题解决了，学校建设又成了邓平寿的揪心事！2006年夏天，虎城遭遇了几十年不遇的干旱。水口村小的老师和学生只能半天上课，半天挑水。听说之后，邓平寿马上赶到学校仔细查看灾情后，又立即赶到县里汇报情况，争取到资金后，又连夜赶回虎城。第二天一大早，他带领技术人员，冒着酷暑，翻过了好几座山头，找遍了方圆2平方公里，终于在三湾塘勘察到了合适的打井地点。打井那几天里，他又先后去了五次，给工人们送水送烟，看到井里渗出了水，邓平寿连着几天绷着的脸终于有了笑容。由于水源丰富，很快，学校和附近两个组的村民都用上了自来水，再也不怕干旱了。

邓平寿一直非常重视学校建设的质量问题。在他的倡导下，虎城镇借助学校布局调整的契机，本着"建一校，富一村，兴一方"的原则，确定了"一心，两翼，四点，八面"的布局，抓紧开展村小建设工作。为了保证学校建设的质量，邓平寿经常到现场去督促检查，对一些因偷工减料造成质量不合格的建筑，他要求立即拆除，重新修建。有的包工头想请他吃饭、给他送礼，希望他能够网开一面，邓平寿不仅严词拒绝，而且非常认真地说："把这钱拿去多买一包水泥，把工程建结实了，我就感激不尽。要是有人敢把学校建设搞成断子绝孙的豆腐渣工程，我邓平寿做鬼都不会放过他！"

回忆起这些往事，廖情芬好几次流出热泪。她动情又有些骄傲地说："我们虎城虽然经济不发达，但老师在周边地区待遇最好，地位最高；虎城虽然偏远，但我们的娃娃没有一个辍学；虎城政府办公楼虽然陈旧，但我们的学校却是新崭崭、亮堂堂的，我们的教育连续9年取得了全县教育工作年度考评一等奖的好成绩，成人学校还在2000年荣获了教育部的'中华扫盲奖'！我们虎城教育人的心中，会永远铭刻着一个温暖的名字——邓平寿！"

邓平寿让镇政府两次为学校让地的事在梁平县传为佳话。第一次是 1996 年，镇里要建幼儿园，找来找去，终于看中了一块地，但那块地是镇政府早就选定了的，已经决定镇政府要搬迁到那里。虎城镇教办负责筹建幼儿园的刘定其找到当时任镇长的邓平寿，邓平寿只淡淡说了句："这要党委研究。我去找书记说嘛。这个位置确实好。"几天后，刘定其就接到了镇里的决定："镇政府重新选址，为幼儿园让道。"没想到的是，两年后，刘定其负责筹建成人学校，选中了一块地，竟然又是镇政府准备迁建的位置。没想到的是，邓平寿又把准备建镇政府的地让给了学校，而这时镇政府那栋楼已被定为危房。后来，重庆市教委到虎城考察，虎城镇教办在汇报中谈到镇政府两次让地的事，让考察组颇为震动，专程前往幼儿园和成人学校，最后去了镇政府办公大楼。在两所崭新的学校强烈映衬下，夕阳下的镇办公楼愈发显得寒酸。考察组十分感动，回去热情洋溢地写了一篇调查报告，题目就是《不修衙门修校门》。

→ 抗旱书记

★★★★★

2006 年入夏以来，重庆地区持续高温。骄阳似火，八方告急。树木、竹子被晒焦了，人畜饮水更是成了亟待解决的问题。虎城镇水口村的虎亭垭，地处高台，两边都是悬崖，土是沙土，田是沙田，不稳水，易受旱灾。但就在这个地方，居住着 4 个村民小组的 800 多人。大旱天气，人畜饮水都成了大问题。不仅全村人饮用水无法保证，养鸡大户伍能军的 5000 余只大鸡也因缺水而奄奄一息。

8月16日，邓平寿从陈家村急匆匆地步行到水口村虎亭垭。他满头大汗，汗水湿透了衣衫。一到虎亭垭，他就和村干部一起四处察看受灾情况。一路走，一路看，一路问，一路记。看着看着，邓平寿皱紧了眉头："800 多人的饮用水怎么解决？养鸡场、养猪场缺水怎么办？"并在随身携带的笔记本上记下："8月16日，水口村6组伍能军 5000 只大鸡缺水，急需解决。"

第二天，由镇里出资雇请的三轮车往返五六趟，为伍能军的养鸡场送水，5000 只大鸡、4000 多只小鸡无一死亡。但邓平寿深知："用车去2公里外的黑滩坝运水，不是长久之计！从外地送纯净水，更是杯水车薪！"如何从根本上解决问题？邓平寿心急如焚，急得嗓子都有些哑了。

"孟主任，走，找几个村民代表，我们到你家里去商量。"邓平寿心急火燎地叫上水口村村主任孟邦谦。大家坐下后，你一言我一语，最后统一了意见：找个水源丰富的地方，打一口大水井。

这么旱，能找到一个水源丰富的地方吗？有些干部很担心。

"三湾塘那里，是我们虎亭垭最低的地方，那里有一口老井，周围或许能找到好的水源。"有个村干部说。

"太好了！走，带上工具，我们马上去看看！"邓平寿听到这个消息和主意后很高兴，马上很急切地起身就走。

两个多小时后，就在那一口老井旁，大家找到了一处水源。水源是否充足？水质到底如何？天色已晚，邓平寿说："今天到此为止，明天我找水管站的技术员来看看。"

第二天一大早，邓平寿和技术人员来了。经过深挖，发现水源确实充足，经过检验，水质也不错。邓平寿当即决定，就在这里打一口4米见方的水井。打井的资金，镇里解决 5000 元，村里出一部分，受益户自筹一部分，如果还不够，他去找上级有关部门想办法。

打井的几天时间里，邓平寿先后去了五次，查看工程进度、工程质量，慰问工人。邓平寿和镇里的干部带着纯净水来到工地，给工人们递烟递水。

水井打好了，看到井里的水都快溢出井口，邓平寿想："这么多的水，可以建个水塔，安上管道，把水送到各家各户呢。"想到这里，邓平寿立即叫水管站的同志核算。"如果找专业人员来安装，连同材料费、工时费要5万多元。"为了节省资金，邓平寿决定，管道材料由村里去买，安装只请一个专业人员来指导，其余人员村里安排，建水塔和安装管道的钱由镇里解决。

很快，家家户户用上了自来水。虎亭垭的养鸡场、养猪场，虎亭垭的村民再也不怕旱了。大家说："邓书记为我们办了一件大好事啊！"

邓平寿牵挂着每一个村的用水问题。8月31日，他带着副镇长刘政辉到全镇最远、最缺水的八林村了解抗旱、森林防火情况。烈日当头，他们从山下一直爬到山上，顺着山坡挨家挨户查看老百姓是否有水喝。直到下午2点多，才终于把农户都走完了，大家早已汗流浃背、气喘吁吁，而且早已饥肠辘辘。尽管已经筋疲力尽，但邓平寿并没有休息，简单吃过午饭，他和大家又冒着毒辣辣的太阳，硬是接着走到了楚家小学，认真查看学校师生有没有水吃。直到天黑，他才带着一行人回到镇上，不少人脚上都起了泡。

这一年大旱，不少地方都出现了百姓饮水困难无法解决的问题，而在缺水的虎城，每个村不仅生活用水有保证，饮喂牲畜和浇灌庄稼的水也基本能够保证。对比之下，人们纷纷对邓平寿翘大拇指赞扬，赞誉他是"抗旱书记"。

他面对利益、荣誉和官位时心里只有老百姓

榮譽證書
HONORARY CREDENTIAL

邓平寿 同志：

抗旱救灾先进个人

中共梁平县委
梁平县人民政府
2006年9月28日

每个人都有名利之心，但如何面对利益、荣誉和官位，是考验一名领导干部的关键所在。作为共产党的干部，如果一心只为了自己的利益、荣誉和官位，不仅不是一名合格的领导干部，而且注定会被时代和人民所抛弃。而邓平寿之所以赢得人民爱戴，成为领导干部学习的榜样，其中很重要的一点就是"他面对利益、荣誉和官位时心里只有老百姓"，而这正是一名共产党员优秀品格的体现。

→ 万元红包

★★★★★

2002 年的一天晚上，与虎城邻界的四川达县一个名叫刘启平的建筑承包商找到了邓平寿，他与邓平寿打小认识，逢年过节在一起吃顿饭，几杯酒下肚两人称兄道弟，自有一番热闹。所以，邓平寿这次对他的到来也很高兴，热情地招呼他坐下来。

刘启平把他那高大壮硕的身子在邓平寿那破旧的沙发上坐好，就开始数落："看你办公室亮着灯，就知道你在。病才好就这样，再进医院了就没这么轻松出来哦。你这白天爬坡上坎，晚上熬更守夜的臭习惯，真得改改了，铁打的都蹦跶不了多久。老伙计，什么都是别人的，只有身体是自己的！"

听了这位老朋友的话，邓平寿觉得也有道理，不好反驳什么，就没有接着说话，而是递了一支烟给他。

刘启平称邓平寿抽的烟是"五湖四海牌"，以前他每次来从来不抽，这天却显得特别痛快，不仅很爽快、舒畅地点燃，而且深深吸了一口，浓浓地喷出一口烟，眯着眼似乎品味、享受似的，接着慢悠悠地说："老伙计，我今天来呢，除了看看你，还有一件事跟你商量。这事呢，也只有跟你商量了。"

邓平寿听他说得这么郑重其事，不知道什么事，也没有问，而是继续听他说，只是神色变得有些严肃起来，心想：就知道这小子无事不登三宝殿呢！

又吸了一口烟，刘启平终于说出来了自己这次来的真实目的："虎峨路我不是中了一段吗？工程投标、中标期间我都故意不跟你见面，全靠自己硬上，就是为了避嫌，也算是支持你的工作了吧？但你也很清楚，那标底可太低了，我们可是真挣不了钱啊。我今天来呢，是想跟你商量一下，我那标段本来就不赚钱，你啊拜托就别把那什么督察队弄来守着我。没别的原因，我就是看着那些爷爷奶奶叔叔婶婶就心慌。帮老朋友个忙，好不好？"

"你没偷工减料，那你心慌什么？绕这么大圈子，原来你是怕他们啊，哈哈哈！"邓平寿听完刘启平的话之后大笑起来，边笑边伸手夺下刘启平手上剩的半支烟，放在自己的嘴上说："我就知道你不是来抽我的烟的，你还是抽你自己的好烟吧。这个烟啊，还得是我抽。"

看邓平寿没有马上表示反对，刘启平接着站了起来走到他身边："你刚好，我就不多打扰你了，你早点休息。我也没拿你当书记，我们兄弟之间话说了就行了。你生病，我也没给你买什么营养品，这是一点小意思，你自己去买点吃的补补身子，也算是我们兄弟之间的一份感情。你的身子开了刀伤了元气，是一定要好好补补的！"话音刚落，他将一个信封推到邓平寿面前。

刘启平这个突然的动作显然出乎邓平寿意料，他愣了一下，马上意识到信封里装的是什么。忙接过去一看，是一沓银行取出来还没扯去封条的一万元钱。但出乎意料的是，他却没有马上退回去，而是拿着那些钱"呵呵"地乐了，然后连声说："好好好，这样吧，我今晚不方便，你明天上午拿来，好不好？"

刘启平有些不敢相信自己的耳朵，本来他已经预料到邓平寿会拒绝，也事先准备好了如何进一步去争取，没想到他会这样爽快。但看邓平寿又确实不像是在开玩笑，刘启平只好收起信封，连声道谢着告辞了。

第二天早上一上班，邓平寿通知镇党委政府领导班子成员开一个临时

他面对利益、荣誉和官位
时心里只有老百姓

的紧急会议。看大家都到齐了，他直接说："把刘启平的标书拿来。"大家听了不知道怎么回事，都满腹疑问地等着看邓平寿要出什么牌。

工作人员很快把标书拿来了，邓平寿却看也不看，而是把标书举在手里说："刘启平昨晚来找我了，要给我一万元钱，想我们在质量管理上马虎点，对他高抬贵手。这说明两个问题，第一，说明他的标中得仍旧不低，有较大的利润空间，他才这么容易就拿出一万元钱来。第二，说明建筑承包商害怕我们的督察队。针对这两个情况，我的意见是，把刘启平的标底在他原来的基础上降低一万。再就是，我们这支督察队不仅要一直保留，而且要不断加强！"

会议刚散，刘启平就如约来到邓平寿的办公室。邓平寿见他一进来，就拉开抽屉，向里面努了努嘴，刘启平马上明白了什么意思，赶紧配合默契地从兜里掏出昨晚的那个信封，很开心地扔进抽屉。然后冲着邓平寿抱了抱拳说："还是你老朋友够意思，咱们好兄弟，我就不和你多客气了，一切就多拜托你了！"边说心里边想："都说你不拿人钱财，看来并不是这样。市场经济了，人都会变啊！"

但接下来的事情却让刘启平不仅非常惊愕，而且非常生气。只见邓平寿迅速关上抽屉，然后郑重地说："今天早上，我们班子研究决定了，把你的标段标底降一万。这钱就算你退的，我会很快交公的。"

看着邓平寿的神情，刘启平知道他绝对不是开玩笑，而是玩真的。但事情实在是太出乎意料了，刘启平一下子没有反应过来，呆呆地站在那里足足有半分钟，气得全身发抖，狠狠地瞪着邓平寿若无其事地笑呵呵的脸，然后突然探身猛地拉开抽屉，一把把那个装钱的信封抓了过来，怒冲冲地冲着邓平寿大吼了一声："你这个邓平寿，真不是个东西，枉费了我们这么多年的交往！我今后没你这个朋友了！"然后摔门而去，头也不回地走了。

"这么大的老板，怎么能这么没有风度？"邓平寿冲着刘启平喊道。刘启平自然没有回答，邓平寿却轻松地咧开嘴大笑了起来。

从此，刘启平再也没来找过邓平寿。

2005 年，3 名到虎城镇投资建厂的老板为了感谢邓平寿对他们企业的大力支持和帮助，在春节结伴给邓平寿送去 3000 元红包。邓平寿亲自下厨，做好菜，开好酒，好好地招待了他们吃了饭。春节过后第一天上班，邓平寿就来到镇财政所把 3000 元上交了，要求为那 3 家厂各交 1000 元承包费。

→ 成名之后

2005 年初，得知邓平寿的事迹之后，重庆市委机关刊物《当代党员》杂志专门派了记者刘文娅来采访，撰写了题为《一股劲 一种情 一个梦——记梁平县虎城镇党委书记邓平寿》的长篇通讯，介绍了这位"田坎书记"的感人事迹，并且把他作为第四期的封面人物进行了报道。随着越来越多的人看到这一期的《当代党员》，"邓书记成明星了"的消息像长了腿一样，很快虎城的干部、群众都知道了，梁平县的很多干部也知道了。

一不小心成了名人，这让一向平实、低调的邓平寿不仅没有高兴，反而觉得很别扭。看着那绿色的春意盎然的杂志封面上，自己的大脑袋几乎占据了全部版面，他有些为自己"那土不拉叽的样子"感到不好意思，更多的是感到了一种巨大的压力。他觉得自己就是这么活了大半辈子，吃饭睡觉做事全是自然而然的，如今却像一个一直在田间劳作的老农民，突然被推到聚光灯下，他紧张又好奇。他有些记不清那天自己和记者唠叨了些什么，也不知道说得合适不合适，甚至有些后悔自己说得太多了。

但很快，邓平寿平静了下来，尤其是读到《一股劲 一种情 一个梦——记梁平县虎城镇党委书记邓平寿》文中"在邓平寿的内心深处，只有他自己知道，那是一个梦，一个让虎城不断发展、让虎城人民的生活更加富足的梦，一个一定会实现的梦"这段话时，他更感到了肩负的重任。他深刻意识到，这是一份荣誉，更是一份压力、一份责任，自己必须更加努力去工作。

2005年6月的一天，邓平寿下村时突然肚子疼，眨眼间脸色苍白、汗湿额头，他呻吟着被人架到镇卫生室打了一针止痛针。大家知道他这样突然肚子疼好多次了，都劝他好好去检查一下。但是邓平寿却不在意，笑着拒绝了大家的好意。半小时后，他又若无其事地坐在了办公室里。

看到邓平寿不重视自己的身体，他家里人和身边的人都很着急，却不知道怎么说好。这时候一个人站了出来，他就是1990年出任虎城区区委书记、虎城建镇后曾担任镇人大主席的石安坤，邓平寿的老领导。他开门就闯进了邓平寿的办公室，既是批评又是疼爱地说："你勤恳工作是对的，但你一定要注意劳逸结合，你的身体有病你又不是不知道！这个问题你一定要引起重视，机器转久了都要发烫，更别说你这血肉之躯！这些话，我给你说了不下百遍了，你就是不听，弄得上次做了那么大个手术，就是一个沉痛的教训。你再继续这样执迷不悟，不仅是不吸取教训，还可以说是不负责任，对虎城、对虎城人民不负责任！"

邓平寿看老领导的语气，知道他今天是一定要说服自己去医院才罢休，自己很难像以前那样再轻描淡写地糊弄了。再加上刚刚经历了一番剧烈疼痛，他也确实很无力，他高昂的头终于有些下垂，知道老领导说的有道理。沉默了一会儿，他决定还是坚持自己的决定："石书记，你说的确实有道理，但是有这么多事要去做，我没办法啊。"

"饭要一口一口地吃，事要一件一件地做，这么多事一天也做不完！再说了，没有你，虎城的天也塌不下，不信你试试！"石安坤想趁热打铁，说服邓平寿去医院，就故意用激将法。

"我知道，我知道！但我一看到都这个年代了，我们这里的百姓还在受穷，还在吃苦，我就急得厉害，我常常急得抓心挠肝的！"邓平寿说着，从抽屉里拿出一本《当代党员》杂志，目不转睛地盯着封面上的自己说，"那么多人看着我，我只能做得更好，我不能松懈！"

石安坤不知道该说什么了，他知道自己是无法说服邓平寿了。在虎城乃至梁平，没有人比石安坤更了解邓平寿，当年虎城撤区建镇时，要从乡干部中起用一个镇长，七八个乡干部排座次，就是石安坤大力推荐邓平寿担任虎城镇长。邓平寿一路走来，获得的荣誉可以说实在多得说不清了，但邓平寿并没有拿这些荣誉去宣传自己，而是无一例外地都转化成了责任、鞭策和压力。而这一次，市委机关刊物《当代党员》将他作为"封面人物"报道，更使邓平寿在自己肩上自觉地加了砝码，他感到肩上的担子更重了。他把这本杂志放在办公室的抽屉里，就是时时提醒自己别忘了肩负的责任。这种情况下，他怎么舍得去住院休息呢？

2005 年下半年，中共重庆市委先进性教育办公室精心组织了一场"保持共产党员先进性"报告会。在全市乡镇一级选了唯一一个先进典型代表——邓平寿，因为他普通话说得不好，还特意给他开了绿灯——做报告时可以讲本地话。

9 月 7 日，重庆市委礼堂座无虚席，"保持共产党员先进性"报告会正在这里举行。穿着崭新白色衬衣的邓平寿在聚光灯下精神抖擞，朴实的话语吸引了来自全市的听众。

他首先简单介绍了一下自己："我叫邓平寿，来自梁平县西部最偏远的一个镇——虎城镇。我今天讲的题目是：我要让老百姓过巴巴实实的好日子。"

他的报告充满了感情："作为一个党员干部，我始终认为：身为党员，违背了入党誓言就是不诚实，忘记了党的宗旨就是不称职。作为干部，心里不装着群众，不为群众干实事，就不是好干部。""我始终认为，当干部，对老百姓要有感情。没有感情，人家不会接近你，你就不能了解基层的实情，更不可能了解老百姓的心。作为一名基层干部，就是要面对群众，以心换心，以情换情，只有这样，才能赢得民心，赢得信赖。""我在虎城已经工作近三十年了，县委考虑到我身体不大好，对我明确表态，我什么时候想走想到县里哪个单位，只要我开口就行。但我谢绝了。有人对我不理解，说你邓平寿在乡镇累死累活图个啥？我图啥？虎城的老百姓和我的感情太深了，他们对我那么好，我不扎扎实实多做些事情，怎么对得起他们？我图啥？我是真心地热爱农村，我熟悉农村工作，我的事业就在乡镇。我图啥？虎城的面貌不改变，虎城的农民不致富，我就不离开这片土地。我图啥？我是从死亡线上过来的人，我知道生命的宝贵，人活着，不就是要多做一些实实在在的有意义的事吗？"

没有一句华丽的辞藻，没有响亮的口号，没有空洞的套话，每一句都是大实话、心里话。十分钟，邓平寿似乎忘了自己是站在什么地方，他充满激情地讲述着他的梦想，无所顾忌地说着他的心里话，讲的都是他的亲身经历和切身体会。最终，他抓住了大家的心，感动了现场所有人。他的报告结束，现场响起雷鸣般的掌声，并且久久不能停息。

面对大家的热情，刚才还非常自信的邓平寿突然感觉有些不好意思，赶紧憨厚地笑着连连鞠躬说："谢谢大家！谢谢大家！"

而就是从这次报告会，更多人知道了邓平寿，邓平寿也感到了更大的压力。

➡ 永留虎城

★★★★★

2002 年换届，考虑到邓平寿在乡镇工作多年成绩突出，并且多年劳累身体健康严重受损，县里准备调他到县交通局任职。这是一个不少人求之不得的好机会，但邓平寿毫不犹豫地拒绝了。他重复着一句说了很多遍的话："虎城的工作一天不搞好，我就一天不离开。"而此后，他又两次拒绝了调到县里工作的好机会，最终永远地留在了虎城，把一切献给了虎城人民。

2006 年 9 月，梁平县委常委、组织部部长平华特意把邓平寿请到了自己的办公室，又一次谈起了调他到县里工作的问题。原来，县委经过研究，打算推荐邓平寿到县人大常委会或者政协担任副职。从镇党委书记到县级领导，既是提拔又能进城，是不少人求之不得的好事。但邓平寿又一次拒绝了。虽然邓平寿拒绝了，但平华仍温和而坚定地说："邓书记，你是全县干得时间最长的乡镇干部了。你踏踏实实为百姓办实事，辛辛苦苦要改变这个地方，这一切，县里领导都看在眼里，你这些年做出的成绩也摆在这里。今天，我既是代表组织，也是代表个人，不能再让你这么辛苦劳累了。农村基层干部苦啊，像你这样一心要改变农村基层面貌、改变老百姓生活的基层干部尤其苦。现在，县里领导有意调你到县里工作，你要尊重组织的意见，一定要慎重考虑。"

邓平寿斩钉截铁坚持自己的立场："平部长，我把你当大姐，今儿跟你说点掏心窝的话。我这人，是苦大的。小时候家里穷，很少有人看得起我……所以，有工作了之后，我比什么都珍惜，生怕一不留神工作给弄丢了，就踏踏实实地拼命做事。我没想到的是，这样做着做着，最后竟当上了干部，不光要管一家人吃饱饭，还要带着那么多百姓过日子。我小时候穷怕了，我当了干部，我就想，不能再让虎城的老百姓过穷日子了，我是做梦都想这些老百姓把日子过好啊，恨不能一天变一个样。现在，我们终于起步了，平部长你看，我们的蚕桑和柚子已经起来了，年年在往老百姓的口袋里添钱。双线工程完成后，对外交通和通信已解决，以前不敢想的事，我们现在敢想了，很多想法现在正在一步一步变为现实，可以说，虎城才起步，虎城老百姓的好光景才真正开始。我对这里熟悉，有农村工作经验，留在这里比调县里部门能多做很多的事啊！并且，我最忘不了的事是我读书的事。以我们家庭当时的困难情况，哪里能供我读到初中啊！但是每当开学我家没钱交学费时，三邻五舍就帮我凑，那一角两角的毛票，从此是我心中最好看的图画啊！没那些乡亲，就没有邓平寿的今天，邓平寿发誓要让他们过好日子，死不足惜，累一点又算什么呢？"

平华从没见过邓平寿这样庄重而坚毅的神色，知道自己说什么也没有用了！

中午，梁平县委副书记任维平请邓平寿吃饭，几杯酒下肚，任维平很认真地对他说："严格说来，50岁以上不提拔了，而县里这次对你可以说是特例。这对你是个安置，对大家也是个交代。你在基层一辈子，可以说将一生都献给了基层，贡献有目共睹。如果对你安置不好，谁都说不过

他面对利益、荣誉和官位
时心里只有老百姓

去!"

邓平寿说:"感谢领导这么照顾、惦念我,但如果离开了基层,我邓平寿觉得自己就没用了啊!也没有人比我更了解虎城的现状啊!"

任维平说:"说实话,你这些年确实太累了,该享享福了!"听了这些话,邓平寿默默地喝了一大口酒,深深地长叹一声,深情地说:"虎城百姓日子过好了,就是我这辈子最大的福了!"

任维平只好不再继续劝他,举起酒杯敬邓平寿:"我敬你一杯!"

分手时,任维平紧紧握着邓平寿那满是老茧的手,握得意味深长:"你一定要好好想想,慎重考虑一下吧!"

邓平寿懂得任维平的话的意思。他的年龄已把他推到此生晋级最后一站,过了这个村就没这个店了。但想起很多村干部和村民恳切的话语:"您不能走,虎城不能没有您!"他只有选择继续留下。

2007年,组织上又推荐邓平寿到县里任职,他又一次拒绝了,他是铁定了心,要带领虎城百姓一起奋斗实现多年的梦想。

虎城干部：没有好班长就没有我们这个好班子

虎城镇的干部素质高、待遇低是公认的，但是虎城的干部工作起来确实最认真、最敬业，虎城的干部无论调到哪里工作也都是最受欢迎的，这是在梁平县公认的。但还有一个奇怪的现象，就是虎城镇的干部很少有主动要求调走的，甚至不少人有被调到更好的地方的机会都推辞掉了。这是为什么？就是作为"班长"的邓平寿时刻注意为大家树立好榜样，使得虎城镇有一个非常好的干部班子，不仅虎城镇的各项工作都走在了全县前列，而且还在孝敬父母、扶危济贫等方面走在最前面，成为全县的模范乡镇。

⊙→ 忙碌长假

★★★★★

邓平寿之所以能让大家心服口服，成为全镇干部信赖和爱戴的好班长，他处处以身作则是一个重要原因。2005年的国庆长假，不少人都在家里陪家人或者出外游玩，而邓平寿却把这个国庆长假变成了忙碌长假。事实上，这只是邓平寿多年工作的一个缩影，通过他这个长假的工作日记，我们可以看出他是如何全身心为了虎城人民的幸福而拼命工作的。

10月1日，雨，星期六，千丘村

工作安排：落实生猪预防工作。主要配合兽防站宣传生猪预防知识，打生猪预防针和猪圈消毒，督促检查该项工作的落实情况。

工作小结：千丘村8个组的任务预计两天内完成，工作情况良好，大多数群众接受。从上午8点到下午6点半回到镇里，完成了千丘1组至5组，共为260头生猪打了预防针，为300个猪圈进行了消毒。

群众反馈：希望预防口蹄疫、五号病等生猪疾病的宣传资料能分类发放，内容更加详细，最好有光盘、录像资料。

工作体会：群众学习农村实用技术的热情比较高，但对我们乡镇干部的要求更高了。这次生猪预防的几项最新预防知识，我们农村的干部了解得都很不够，面对群众宣传解释时都说不清楚。这就要求我们乡镇干部不但要加强学习本职岗位知识，提高业务素质，对农村实用技术方面的知识要不断更新，这样才跟得上农村工作的发展。另外，农村远程教育方面的工作应进一步加强。

10月2日，大雨，星期日，千丘村

工作内容：从上午8点到下午5点，完成了千丘6组至8组的生猪预防工作，全村500户农户喂养的460头生猪被及时注射了预防针疫苗。至此，全村都完成了生猪预防与消毒工作。

工作体会：村里的工作干得好不好，关键还是要看领头人带得好不好，千丘村的三位村干部对这次生猪预防工作前期的宣传发动工作做得不错，这也再次证明了当初选拔像他们这样有能力的人才担任村干部，不仅对国家政策的贯彻执行有利，对群众也是最有益的。

10月3日，大雨，星期一，旱田坝、波漩村、小峨眉山

工作安排：查看暴雨后灾情。对连续3天的大雨给群众造成的损失进行查看，对防汛、山体滑坡安全工作检查，落实应急措施，组织救灾，解决相关问题。

工作小结：先后查看了旱田坝的企业，对波漩村3组和5组，小峨眉山旅游开发景区等地方的灾情进行了统计，初步估计损失近2万元。按原制订的救灾应急方案落实了5户灾民，山体滑坡清理已展开，垮房重建工作与灾民已协调一致并展开筹备。

群众反馈：镇党委政府及时查看并组织救灾，效果是明显的，但对旱田坝、波漩村的河道治理及小峨眉山山体滑坡的治理要加大投入，以最大程度保障人民群众生命财产安全。

工作体会：防灾比救灾更重要，几条河道的治理与地质多发地农户的迁出工作应多措并举，还需进一步加强这方面的工作。波漩村村民廖国须对我

说："邓书记，你都上电视成名人了，还管我们农民这些事做啥子？"听了这话，我心里很难受，作为乡镇干部，不管农民的事情，那应该管什么事情呢？不管好农民的事情，那又算一个什么样的乡镇领导干部呢？农民很朴实，他们看到了党和组织给我的荣誉，看到我成了所谓的"名人"，就认为我应该歇歇，该享受。但我不能这样想，只有把工作做到更好才无愧这些荣誉。

10月4日，小雨，星期二，聂家村、砂石村

工作安排：砂聂（砂石村至聂家村）组级公路现场办公。协调聂家、砂石两村就公路用地、共同筹资硬化等问题达成协议。

工作小结：这条组级公路全长1.5公里，1992年修出毛坯路，因涉及两村，养护公路成了难题，导致公路破烂不堪，无法通行。经协调，双方就公路用地、共同筹资硬化等关键性问题达成了协议，并决定近期内予以硬化。

群众反馈：双方协议达成后就要责任落实到人，要逗硬。

工作体会：要解决久而未断、拖而未决的一些工作中的"陈年老账"，在群众中才能树立政府公正务实的形象。

10月5日，晴天，星期三，聂家村

工作安排：查看村级卫生室建设情况。对新修村卫生室建设工作现场查看，对已经完成的进行验收检查。

工作小结：新修砂石村和陈家村的卫生室进展正常，大荣村的村卫生室改建完成，全镇目前启动7个，完工3个，可望12月底前完成对16个村卫生室的建设工作。

群众反馈：现在到大医院看不起病，村卫生室要是价钱公道，医生都有行医执照，哪个不喜欢呢？

工作体会：解决群众"看病难"问题一直是我们关心的问题，改善农民群众生活条件，提高农村生活质量要面临的重要任务。除了要加快村卫生室的建设步伐，早日实现为农民群众提供强有力的医疗保障的目标之外，更要加强卫生知识的宣传与普及，从提高农民群众素质入手彻底解决农村卫生发展滞后的本因。

10月7日，晴天，星期五，聂家村、五角村

工作安排：商讨聂家村2组的最科学合理的修桥方案，既要考虑成本，又要兼顾安全。

工作小结：通过实地查看，现场征询群众、工程人员的意见，村建所、安监办具体起草，形成了修桥的初步方案。

群众反馈：如果大桥不修，聂家村2组和五角村的公路就白修了，相邻几十米的两个村来往都不能通车，还得靠走路。

工作体会：虽然实现了村村通公路，而且村公路硬化已达95%以上，但只有把各条村组公路相互连通，使之呈四通八达的网络状，才能发挥更大的交通作用。

10月7日夜，镇政府办公室

工作安排：国庆后的全镇工作部署……

除了10月6日没有记工作日记外，通过邓平寿这个国庆长假其他六天的工作日记，我们可以看到他每天都是在村里，在为让乡亲们日子过得好而奔波、思考。这样的好班长怎么会带不出好队伍，这样的好干部怎么能不赢得百姓的信赖和拥护？！

→ 锻炼干部

☆☆☆☆☆

为了锻炼培养年轻干部，邓平寿定了个规矩，新来的年轻同志都要驻村，由老同志传帮带。他常讲："乡镇干部说白了就是泥腿子干部，光在办公室里拨拨电话、听听汇报是搞不出名堂来的。与老百姓的血肉联系是靠脚板走村串户走出来的。"所以，虎城每个年轻干部都有自己的师傅。他总是叮嘱有经验的老同志："组织上把有知识、有能力的年轻人交给我们，我们这些老同志就要像赶牛一样，前面用绳子，后面还要用鞭子，他们才成长得快！"

在邓平寿去世的时候已经是虎城镇副镇长的刘政辉已经是一名很成熟的优秀干部，而他有这么大的进步就是被邓平寿锻炼出来的。刘政辉1997年大学毕业后开始驻村时，邓平寿往他那里跑得勤。常常一群干部一起下去，在路上就打招呼："今天刘政辉是组长，他说怎么办我们就怎么办。"遇到问题就让刘政辉先拿意见先处理。刘政辉开始有些胆怯，缩手缩脚的，有时候却又完全一副被逼上梁山手忙脚乱的样子。对此邓平寿无动于衷："鸭儿浮水要浮得起，就得先下水！"而就是在一次次这样的锻炼中，刘政辉迅速成长起来。

2001年以来，刘政辉先后任镇宣传委员、副镇长，邓平寿对他要求就更加严格。刘政辉原先有个坏习惯，有时早上上班后才出去吃早饭。邓平寿发现后，连续几个早上7点钟就给刘政辉和其他几位同事打电话，催他们起床，7点半准时在供电所旁边的小店等他们吃面条。有时刘政辉想赖床，邓平寿就在电话里大吼道："你要养成好习惯，当领导了要带好头，按时上班。"吃完早饭，邓平寿又不声不响地打扫起楼道和楼梯间，多少年如一日。在邓平寿的带动下，大家再也不好意思偷懒了，都争着打扫卫生。

每次开会，邓平寿总要数落镇里一些干部工作中的毛病。大家私下调侃说："如果邓书记不批评人，他就肯定不在台子上。"有一次，刘政辉因一件事没做好，被邓平寿在会上点名批评，觉得很没有面子的他心里很有些不服气："芝麻大点事，你邓书记竟然在会上批评，也太不给我这个副镇长面子了！"可是没想到，到了晚上，邓平寿却变了一个人，竟然笑眯眯地主动请刘政辉去喝酒，并且又是夹菜又是敬酒："二娃呀，我这个人说话直，对你也严厉了点，你还年轻，前途很大，我是巴不得你快点成长啊！"听了这些话，刘政辉的眼泪不知不觉中就下来了，端起酒杯一大口喝干，从此对邓平寿更加敬重。

刘政辉永远记得第一次被邓平寿怒批的经过。那是刘政辉工作后遇到的第一次虎城大栽桑，镇里统一把桑苗领回来，各组组长到镇里将树苗领回。邓平寿一直站在树苗堆里反反复复地喊："轻点轻点，要像抱娃娃一样，莫把树苗碰伤了！树苗领回后，不能一分了事，要集中成片，由专业人员指导栽。各驻村干部和各村村干部、组长要看着家家户户栽。"

树苗发完，邓平寿喊上几个镇干部说："走，我们下去看看，到水口村。"一行人还没到村委会，就遇见一队一队的村民，你一背我一背背着桑树苗，兴高采烈地说，村里让领回家去栽。看到这一切，邓平寿脸上阴云密布。

水口村是刘政辉蹲点的那个村，邓平寿一进村就问刘干部和村主任呢。当得知刘政辉有事走了的时候，邓平寿大怒："马上给我叫回来！"

很快，刘政辉就赶了过来，邓平寿冲着他劈头盖脸就是一阵怒批："两块多钱！两块多钱一根的苗苗！你们有钱，不心疼，但老百姓还指望着它们赚钱，这是老百姓的摇钱树！今天……今天，你们给我一根一根地收回来……收回来，集中成片栽，栽得规规矩矩的，我后天来检查！"

当着那么多人的面，刘政辉觉得邓书记的批评句句都是鞭子，无情地抽在他的脸上，他知道自己是真的惹书记生气了。马上和技术员一起一家家地帮着栽桑苗，一直到每一户都栽好了，又认真检查了一遍才放心。

第三天，邓平寿又一早就到了水口村。当看到水口村桑树栽得规规矩矩、整整齐齐，他本来非常严肃的脸上露出了不易察觉的笑容。他回头看了一眼早已在地里的刘政辉说："刘二娃，你是个做事的好手。问题在于你愿不愿意做，是不是真心为老百姓好。若不是真心为他们，你就会觉得工作很勉强，你就会偷着玩。你要是真替他们担心，叫你玩你都没心思！"这句话一直被刘政辉铭记在心，多年来一直鞭策、激励着他。

→ 团结共进

★★★★★

　　"要讲待遇，横向比，虎城镇的干部应该是最低的，很多该发的奖金都用于搞建设了。"虎城镇党委组织委员廖铭说。一些镇干部不是没意见，但邓平寿的态度十分明确："虎城处在发展的关键时期，干部就是要发扬艰苦奋斗的作风。"他经常语重心长地说："我们的父母大多还在农村种田，他们一个月能刨出几个钱来？大家为什么不和乡亲们比比？"正是邓平寿让全镇干部拧成了一股绳，大家为了虎城发展得更美好而团结共进。

　　待遇低不说，虎城的干部很少有周末和节假日。"书记都不休息，我们也跟着跑习惯了。"这是一些干部说的。邓平寿不止一次地私下对好友说："我对不起这些干部啊！但虎城穷，要让百姓过上好日子，我们只能艰苦奋斗啊！"邓平寿遗体火化的前一天，是他51岁生日，那天夜里，这些邓平寿自认对不起的干部们，除了值班的，几乎都聚集在他的灵前，包括调离了虎城的人。

　　邓平寿对镇党委、政府班子要求非常严格，有时甚至还发火，但更善于尊重和团结一班人，胸怀特别宽阔。有一次，邓平寿和镇长杨代述因企业征地一事发生争执，相互弄得面红耳赤。杨代述觉得很委屈，好几天都不理邓平寿，后来邓平寿意识到是自己的意见欠妥，就故意在杨代述办公室外晃来晃去，杨代述却装着没看见。邓平寿实在忍不住了，就径直走了进去，明明知道杨代述从来不抽烟，却递给他一支烟，开着玩笑拍了拍他的肩膀说："不要这样好不好，好歹我还是你长辈嘛！那事儿是我错了，就按你的意见办！"这些话让杨代述心头一热，自己反倒不好意思起来。2005年底，组织上调杨代述到另一个镇当书记，临走时，大伙儿都去送他，他一步一回头，人群中硬是看不见

△ 梁平县虎城镇党委组织委员廖铭把邓平寿看作是自己一生的知己和榜样（摄影 朱继东）

朝夕相处的邓平寿！后来才知道，邓平寿是借故离开了，他是很舍不得杨代述调走，不来送他的好搭档，是怕当着大家的面流泪！

2005年底，赵洪越刚到虎城镇当镇长的时候，工资比原来在别的乡镇当副职时还要低，这已经让他心里有些不平衡了。而刚上任没多久，邓平寿就找到他，要他为希望小学捐点钱。捐点钱倒也不算什么，可是当看到邓平寿一下子捐出1000块钱时，赵洪越感到为难了。党政一把手捐款一般应该在同一个水平线上，这是一条不成文的规矩。可是赵洪越一个月的工资也不够1000元，都捐出去了靠什么养活家里，难道要喝西北风？无奈之下，赵洪越找到邓平寿说出了自己的难处。邓平寿听了之后愣住了，马上给赵洪越道歉，说自己没有考虑到这种情形，并很快同意了赵洪越的意见——他们两人每人一次捐500元。

但让赵洪越没有想到的是，清理邓平寿遗物时，从抽屉里翻出了一摞捐钱的收据，足有8000多元啊。其中有好多捐资项目，都是赵洪越没有听说过的。他这个时候才恍然大悟，原来为了不让自己为难，老邓悄悄地捐了不少钱。赵洪越很清楚，邓平寿的工资并不比自己高多少，额外的收入主要靠他妻子养蚕和喂猪卖点钱。8000元，意味着他的妻子至少要卖8头肥猪、养4张蚕。

作为镇党委书记，邓平寿深知培养一只素质过硬的村干部队伍的重要性。虎城镇陈家村党支部书记罗吉辉回忆说，1998年10月，当时我在县东方建筑集团公司包工程、搞建筑，邓书记想再把我叫回去当村支书。我知道当村干部工作难度大，待遇也很低，就跟他说："老邓啊，那个'灯'不好搞，顶着碓窝唱戏，费力不讨好。我包工程、搞建筑肯定比起当村干部要划得来，要我再当村支书，年轻的时候差不多，现在岁数大了，

奈不何。"他听了也不生气,只是说:"老罗,什么时候有空,到我那里来耍一下,摆一摆龙门阵,要不要得?"一天晚上,他专门把我请到他的办公室,让我和他一起背入党誓词,我俩都背得差不多,他说:"入党的时候怎么说的,现在就该怎么做!"他扎扎实实地将了我一军,我说不过他,就说:"到村里开会,老百姓选哪个做哪个!"结果我全票通过,就这样当上了陈家村的书记,经过几年努力带领乡亲们走上了致富路。

哪一位村干部家里老人生病或者有什么困难,邓平寿比对自己家里的事还清楚。2000年,罗吉辉的爱人因心衰住进了虎城中心医院,还下了病危通知书。邓平寿知道后非常着急,马上以个人的名义买了礼品来看望,并一直陪着和安慰罗吉辉。罗吉辉的爱人在家休养期间,邓平寿还经常打电话到他家里问候。"他不是光对我这么好,对所有的村干部都这么好。"罗吉辉哽咽着说,"他每天都要给各村干部去电话询问工作情况,谁生病了,他一定会自己出钱提着礼品去探望。"

在梁平县,从县委书记、县长到每一位县级领导,从乡镇、村干部到老百姓,说起邓平寿,无不动容,无不竖起大拇指称赞。曾任梁平县纪委副书记的毛大春说,这些年来,没有一件关于虎城的立案调查,没有一件关于他个人的检举材料。一个干部一生能将一半的精力放在工作中就是一个了不起的、很优秀的人,而邓平寿是把一生的精力全部放在了百姓身上,他真的是我们干部的楷模。

虎城与四川达县相邻,达县人常到虎城赶集,集镇上流传着这样一个说法:"分辨是虎城人还是达县人,只看脚上的鞋便知:虎城人穿皮鞋,脚上光生;达县人穿雨靴,半腿是泥。"邓平寿担任镇长、镇党委书记的日子里,达县人到虎城开门市、办企业,达县的不少学生到虎城读书,甚至达县有个镇的村民找到虎城镇领导,要求划到虎城来,让虎城的"官"来管他们……虎城的名字在达县经老百姓传进领导层。2004年春节刚过,达县县委书记特意带着20多人来虎城考察、学习。"虎城的发展超出了我们的想象!我们要把虎城经验带回去,先搞试点,继而在全县推广。学虎城,赶虎城,3年超虎城!"这是达县县委书记在考察完后说的话。这些话让虎城人、让邓平寿和他所率领的一班人感到十分开心和骄傲,同时感到肩负的责任和压力。

好干部在家里也是好儿子、好丈夫、好父亲

在许多人眼里，邓平寿是个奇迹，因为他做到了忠孝两全。他不仅在工作岗位上是党的好干部，在家里也是好儿子、好丈夫、好父亲。他深深地爱着虎城的百姓，也深深地爱着自己的家人。全家在一起吃饭的时候，他总是把好菜留给母亲、妻子和女儿，自己则吃剩下的；虽然工作很忙，但他总是尽量挤出一点休息时间来照顾年迈的母亲，陪伴一下家人。在奉献大家的同时，邓平寿以他的大德大爱、忠孝两全的精神，让我们看到了一名优秀党员干部身上富有人性美的一面，密切了党群关系，树立了人格丰碑。

➡ 孝敬母亲

☆☆☆☆☆

邓平寿获得过数不清的荣誉，但有一张奖状却是他最得意的，那是 2006 年重阳节时，镇政府为奖励他们敬老爱老的行为，特地颁给他和妻子唐有清的，邓平寿把它贴到了家里卧室最显眼的地方。在邓平寿办公室墙上的明显位置，贴着《敬老爱老"十荣十耻"》：

以尊敬老人为荣，以歧视老人为耻；

以爱护老人为荣，以损害老人为耻；

以服务老人为荣，以背离老人为耻；

以关心老人为荣，以冷漠老人为耻；

以帮助老人为荣，以刁难老人为耻；

以优待老人为荣，以吝啬老人为耻；

以孝亲老人为荣，以虐待老人为耻；

以赡养老人为荣，以遗弃老人为耻；

以感恩老人为荣，以"吃定"老人为耻；

> 以照顾老人为荣，以排挤老人为耻。

这似乎在无声地讲诉着他和母亲之间的感人故事。

邓平寿的孝顺是远近闻名的。流传最广的是，很多年来的每个星期五的黄昏，邓平寿年迈的老母亲邓太月总会早早地蹒跚着来到门口张望。他那个20年前就患上痴呆的哥哥这时候也会穿得干干净净坐在门口，一脸憨笑着等弟弟回家来。虽然基本上是每周只有这么一个晚上能看到儿子，但邓太月心里明白，儿子比谁都挂念她。每逢星期五晚上回家，吃过饭以后，邓平寿总要亲自给老母亲洗脚。并且是每次他自己先用手试好水温后，才慢慢地将母亲的鞋袜脱去，小心地把母亲的双脚放进去。常常一边慢慢揉搓，一边和母亲随意地拉着家常，问最近脚还疼不疼？咳嗽好一些了吗？冬天天冷的时候，他还会把母亲那长满老茧的脚放到怀里捂起来暖一暖，直到捂热了才放回被窝里。夏天天气热、蚊虫多，每次母亲睡觉前，他总是先钻到蚊帐里，把不小心放进来的长脚蚊认真消灭掉，拿湿毛巾帮母亲擦擦背，才扶母亲上床休息。

邓太月年老多病，老人输液次数多了导致手腕肿胀，老人疼得厉害，就不愿输液。这时候，邓平寿就像哄孩子一样耐心劝说和开导母亲，直到把老人的思想说通。有几次输液，医生、护士怎么劝说都不行，老人坚决不愿意，而邓平寿一来，和母亲聊了几句，老人就很快答应了。

随着邓太月年纪越来越大，并且不能行走，邓平寿也越来越牵挂。他常常在处理完工作后，用一支手电照着走2公里的公路到家里，到家里给老人擦擦身子、洗洗脚，顺便买些好吃的给母亲尝尝，买件新衣服给母亲穿。每次回家，人还没进家门，邓平寿就大声喊道："娘啊，我给你买了点好吃的！"虽然邓太月有时会教训他："你又买面条回来做啥子，自家做的就吃不得了？""我那冬衣还好好的，怎么又买，真是三天有不得三天无不得！"但话语里洋溢着幸福。

每次邓平寿回到家，妻子唐有清总会早早地准备好肥肉炒酸咸菜、排骨炖汤、豆腐煮白菜等一些他最爱吃的菜。吃饭时，邓平寿总喜欢拉着妻子坐在靠墙的位子上，让老母亲坐在上席。他时常把瘦肉夹到母亲和妻子碗里，与傻子哥哥干上两口白酒。给老娘夹块肉，给老婆添点饭，自己喝上二两老白干，邓平寿觉得这就是莫大的享受。看到家里人都胃口

好干部在家里也是
好儿子、好丈夫、好父亲

不错，他就非常开心。

邓平寿的孝顺也让邻居们羡慕不已。刘志珍大妈和邓平寿家挨着，每当看到邓平寿给母亲洗脚、为母亲买松软可口的饼子时，刘大妈总会投以羡慕的目光："邓婆婆好福气啊，生了这么好个儿子……"

当问邓太月，对经常忙得顾不上家里的邓平寿是不是满意时，她的回答充满自豪："我儿子为老百姓忙碌，我知道的。再说他回家后，服侍我服侍得好啊，哪里找到这么好的儿子！"

邓平寿去世的消息传来，白发人送黑发人，邓太月老人晕了过去。醒过来之后，她的精神大不如以前，常常一个人坐在门口遥望着远方说："儿呀，你一句话都没有说，你就走了，你给我托托梦来吧，和我好好说说话，再喊我一声娘吧！"

→ 恩爱夫妻

★★★★★

第一眼看到唐有清，觉得这个圆盘大脸、个子不高的女人怎么也看不出是一位镇党委书记的夫人，看起来就是一位地道的农村妇女。邓平寿已经当镇长、镇党委书记很多年了，患有关节炎、心脏病的唐有清却没有转为城镇户口，而是一直在家务农，除了种着三亩多的承包地，还要照顾80多岁的婆婆和邓平寿的傻子哥哥。因为邓平寿的工资大部分都捐款、帮助困难家庭了，唐有清也就不指望丈夫的工资养活家里，便养了几头猪补贴家用，每年至少还要卖8头肥猪、养4张蚕，辛苦地操持着整个家庭的生活。我们来到她家里采访，她却一直没有说话。我想和她聊聊邓平寿，她却不愿多说，甚至一个人躲到蚕房里。

唐有清跟丈夫在一个地方生活着，家里距离镇政府也不远，但却很少在一起。邓平寿每周五晚回来，周六一早就走了，一年在家的时间加起来不到两个月。很多人都说，唐有清找了一个好男人，但她却觉得这样好的男人是属于大家的，是属于全部虎城

△ 邓平寿和妻子唐有清恩爱有加

人的，但唯独不属于她和这个家。乡亲们谁有事都可以找他，而家里很多事却指望不上他。自从嫁给邓平寿以后，她就成了这个家的顶梁柱，可以说没清闲过一天，也没享过什么福。有时候，她也对着邓平寿抱怨说："你是不顾这个家啊，顾的话你就不该把自己弄那么累。镇里的工作你必须做，别人肩上的担子，你也要去做，你是想把自己累死了事，也就懒得管我们孤儿寡母了。"

邓平寿知道妻子是心疼自己，就用一只手臂扶着她的肩说："老唐啊，对于我来说，那只是些顺便的事，举手之劳，费不了多大劲。而对于农民，那就不一样了，他们看我这样待他们，他们心里踏实啊，就有依靠啊。我们小时候穷，一家人没少受欺负，这时只要有一个人对你好，你就记住了，就藏在心里了，这日子就过得不那么恓惶了。那些好心人凑钱让我读完初中的，还给我介绍了你这么好的一个老婆。老唐啊，说实话，这辈子，我也没想到我会当现在这官，可当了官，不为老百姓做点实实在在的事，我就觉得这官当得没意义！"

邓平寿当上镇长后，村里一些人担心她这位糟糠之妻会被抛弃，但邓书记用自己的言行击碎了那些议论。并且，他知道自己因为工作太忙，留给家庭的时间实在太少，亏欠妻子太多，也一直在努力想办法弥补。村里人说他妻子像头牛，邓平寿听着这些话既感动又心疼。所以，不管是出差还是在镇上，即使忙到深夜，邓平寿每天晚上都会给家里打个电话："老

好干部在家里也是
好儿子、好丈夫、好父亲

唐啊，空了没？""老唐啊，今天忙啥了？"每天晚上接到丈夫的电话，已成为唐有清多年的习惯。邓平寿平时住在镇上的宿舍里，但一到星期五晚上就回到位于五角村的家里，多少年来基本上是雷打不动的。农忙季节，他有时还会留在家里两天，和妻子一起收割播种、养蚕摘桑等，尽一个丈夫的责任和义务。虽然这样的机会不多，但却让家里充满温馨。因此，唐有清特别珍惜每一次丈夫在家里的机会，不仅每顿饭都做一盘邓平寿最喜欢的酸萝卜炒肥肉，还变着法子改善家里的伙食。这让经常在办公室吃酸菜煮面的邓平寿，对妻子精心准备的"盛宴"很满足、很享受，吃完饭自己争着洗碗、刷锅等。并且，他每次回家都见啥做啥，砍猪草、栽桑树、养蚕、挑粪、插秧、割谷……能多做一些家务就多做一些。不管多累，自己的衣服从来不脱给妻子洗，弄得心疼丈夫辛苦的唐有清只好把他的脏衣服藏起来帮他洗。

每次回家，把母亲服侍休息后，邓平寿总会给妻子打来一盆洗脚水："来，老唐，我也给你洗脚！""你歇着吧，我不要你洗，我自个会洗！"唐有清语气虽是嗔怪，但在心底却很甜蜜、幸福，虽然他实在不舍得让丈夫忙完了全镇的大事，还要来"忙"她的一双脚。结婚三十多年来，唐有清没过上多少清闲日子，但她很知足。她懂得丈夫肩负的重任，更知道丈夫是深爱着自己，深爱着这个家的。

2005年，唐有清因为胆囊炎和胃炎同时发作，到镇卫生院住院。医生要求食物要清淡，邓平寿每天6点多钟就起床，为妻子熬好稀饭，端到妻子床边，一勺一勺地吹凉了喂她。看着她吃了，才放心地下村去。晚上从村里回来，又忙着给妻子做晚饭，帮妻子洗衣服。那一个星期，是他们待在一起时间最长的一次。

多年的劳累使得唐有清年轻时就患上了关节炎，冬天洗衣、洗碗等用多了凉水，手就会发麻、裂口甚至肿痛，尤其是洗起衣服来很吃力。邓平寿心疼妻子，就和她商量要给家里买台洗衣机。自己本来也一直省吃俭用的唐有清知道丈夫一直非常节俭，就坚决不答应："要啥子洗衣机哦，我又不是洗不动，何必花那个冤枉钱，又那么费电、费水！"但邓平寿这一次却不顾妻子的反对，竟毫不吝惜地买回了太阳能热水器和洗衣机，算是他们家里的两件奢侈品，为这个本来非常简陋的家增添了一丝亮色。

每次家里杀了猪，都是邓平寿清晨四五点起床，背着他的黄色挎包，亲自到镇上卖肉。邓平寿每次都高兴地跟同事说："嘿嘿，我这头肥猪又卖了千多块钱喽，这个是劳动钱、汗水钱，万万年！"

邓平寿直到去世，也没能给家里留下一张存折。当记者采访唐有清，她却没有抱怨丈夫半句，也没有向组织提出任何要求。就是这样一个简单、清贫的生活，却能从言语中感受到唐有清夫妻恩爱的幸福。她很遗憾，丈夫五十出头就离开了，但她却为自己能嫁给虎城镇上老百姓心目中的好书记而感到骄傲和自豪。

→ 女承父志

☆☆☆☆☆

2007年2月5日，邓平寿的女儿邓巧娟捧着爸爸的骨灰盒回到虎城时，天空下起了细雨，成千上万的乡亲们前来为爸爸送行的人走在雨中，突然听到有人喊："书记啊，你不是说过不走的吗？怎么就真走了。"随着人群中爆发出一片哭声，邓巧娟再也忍不住放声大哭。当我与她面对面回忆起她和自己父亲的往事时，她好多次哭出了声。但是，她的话语中没有一丝一毫对父亲的抱怨，而是充满了骄傲和自豪："我为自己是邓平寿的女儿而骄傲，我不会给爸爸丢脸！"

20世纪80年代，社会上流行重男轻女，女孩儿成了不受欢迎的对象。在怀着小女儿巧娟七八个月的时候，当地有人能通过看胎形来判断生男生女。多年的经验告诉他们，唐有清怀的孩子极像是怀女娃儿的样子，就找到邓平寿劝说："看样子，可能又是个女娃

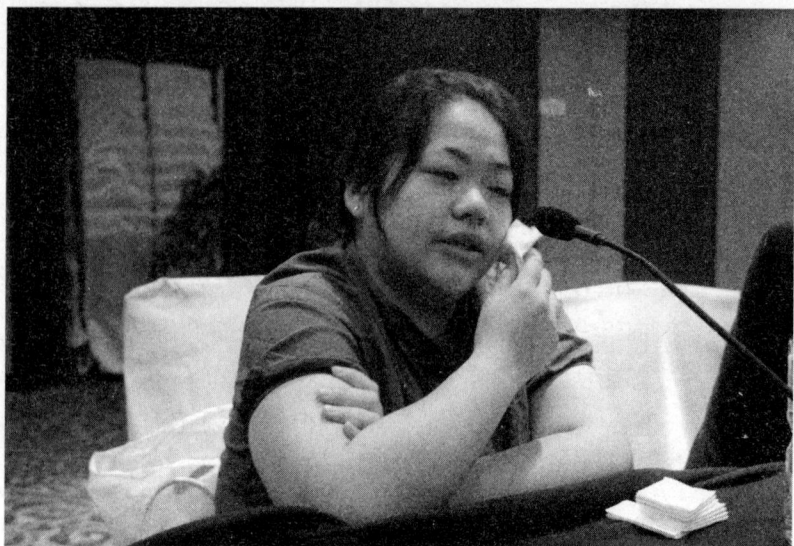

△ 邓平寿女儿邓巧娟讲述父亲的感人故事，自己忍不住泪流满面（摄影 朱继东）

儿，干脆不要。"邓平寿听了，没有吱声。后来又有人提到这件事，邓平寿就坚决地说："不管生男生女都一样，都是我的孩子，家里多一个小家伙，不是更热闹。"在邓平寿的期待中，小女儿巧娟来到了这个世上，也来到了这个温暖的家。

两个女儿是邓平寿的心头肉、掌上明珠，他每次出差都不忘给孩子带点零食小吃回来。饭桌上，他也总喜欢给女儿夹菜。小女儿从小喜欢吃肉皮子，邓平寿就把肥肉咬下来，剩下皮子夹到小女儿嘴里："来，邓小狗儿，吃块皮皮……"

虽然把女儿当作心头肉，但邓平寿从不娇惯她们，一直是严格要求孩子，教她们好好做人，认真读书。女儿放学回来，邓平寿如果有时间，一定要抽空对她们的作业进行检查。女儿参加工作以后，邓平寿让她们每天晚上给自己和她们的妈妈打电话。在电话中，邓平寿总会关心地问："今天在干什么？下村了吗？"还在电话那头反复叮嘱："对老百姓要热心些，处理问题要耐心些。要为老百姓解决实际问题。不懂的要多向同事问，要虚心点……"这也使得两个女儿不仅身上没有什么坏习惯，而且常常因为工作努力、品德高尚而受到大家的赞扬。

女儿巧娟调到虎城工作后，宿舍正好和父亲一样都在镇办公楼里。有时，早上邓平寿在女儿房前亲切地问："娟，吃不吃鸡蛋啊？我给你煮，下咸菜面还是肉丝面哦？"吃面时，邓平寿常开心地对女儿说："好吃吗？多提点意见，把手艺学好，等以后退休了我就在街上开个面馆，煮面卖，你就可以天天吃到我做的面啦！"

邓平寿喜欢看新闻，也教育女儿要多读书看报。他经常对女儿说："要关心国家大事，要时常学习。"2006年，中央电视台热播一部电视剧《镇长》，剧情表现当基层干部工作强度大，老百姓不理解，基层工作难做。晚上，邓平寿就给女儿讲上一集放到哪里了，受到了什么启示等。听多了，女儿也喜欢看了。看了以后，他们还进行一番讨论甚至争论。电视剧《上将许世友》是邓平寿最喜欢看的，他最敬佩许世友这样正直、无私的军人。他对女儿说，他也要像许世友一样，为老百姓办好事办实事。

接受采访时，邓巧娟说："我爱爸爸，也曾埋怨过爸爸。虽然他是镇党委书记，可我们却从未沾过光。一次奶奶突发疾病，爸爸叫来政府的公车，把奶奶送到3公里外的医院抢救，第二天爸爸很快就补交了50元车费。我20岁生日那天，70多岁的舅公因腿脚不好坐政府的车到我家来，爸爸还帮舅公交了20元车费。而遇到村民有急病坐政府的车到医院，爸爸却分文不收。照理说，体弱多病的妈妈早就可以把农村户口转为城市户口，可爸爸反复跟家里说，比起其他困难的人家，我们应该满足了……爸爸常说，拿着国家的工资，就要实心实意地干好工作。不到夜里12点，他办公室的灯是不会熄的。我爸爸离开了我们，因为他太累了，他太需要好好休息了。爸爸，你好好休息吧，我替你把党费交了，也一定会照顾好奶奶、妈妈和大伯，一定好好努力工作！"

记者采访中，邓巧娟的同事讲了一个真实的故事。有一次有记者采访邓巧娟，当时她办公室里正好有乡亲们来办事，她就抱歉地对记者说："等等，等我为乡亲们办完事再说吧！我爸爸从来不因为自己的事情让乡亲们等他，我也不能让乡亲们等！"并且，在虎城镇上班的巧娟也像爸爸一样，只要有可能就尽量多回家陪陪奶奶和妈妈，并且养成了和爸爸一样的习惯——一直坚持走路……在她身上，越来越清晰地看到邓平寿的影子，邓平寿的精神越来越多地传承在他的女儿身上！

他感动了中国：新时期共产党员的优秀楷模

2009 年 9 月 10 日，在中央宣传部、中央组织部、中央统战部、中央文献研究室、中央党史研究室、民政部、人力资源社会保障部、全国总工会、共青团中央、全国妇联、解放军总政治部等 11 个部门联合组织的"100 位为新中国成立作出突出贡献的英雄模范人物和 100 位新中国成立以来感动中国人物"评选活动中，邓平寿被评为"100 位新中国成立以来感动中国人物"。习近平赞扬他"是新形势下基层干部的杰出典型，是新时期共产党员的优秀楷模"，他的事迹和精神正激励着广大党员、特别是各级领导干部牢记为人民服务的根本宗旨，努力实现好、维护好、发展好最广大人民的根本利益。

精神永存

★★★★★

邓平寿去世后，他的事迹再次引起人们的关注。2007 年 3 月，中共重庆市委追授邓平寿"重庆市优秀共产党员"称号，号召广大党员干部向邓平寿同志学习。2007 年 6 月初，中宣部派出新华社、《人民日报》、《光明日报》、《经济日报》、中央人民广播电台、中央电视台等 28 家新闻单位共 32 名记者组成的中央新闻采访团奔赴梁平县和虎城镇，深入采访邓平寿的先进事迹。6 月中旬，新华社、《人民日报》、中央电视台等多家新闻单位刊发了《"泥脚书记"邓平寿：用生命铸就"忠诚"》、《春蚕到死丝不尽——记重庆市梁平县虎城镇原党委书记邓平寿》、《悲伤不是你的选择——写给邓平寿女儿的一封信》、《新华时评：中国需要更多像邓平寿这样不像官的干部》、《邓平寿：虎城人民的好儿子》、《邓平寿：把百姓装在心里的田坎书记》等多篇报道，新华网、人民网、央视国际、中广网、光明网、中国当红网等多家网站推出学习邓平寿的专题报道，从报刊到网络，从电视到广播，迅速在全国范围内掀起了学习邓平寿的高潮。

重庆人民不会忘记邓平寿。2007年6月18日，在重庆直辖10周年庆祝大会上，邓平寿被重庆市委、市政府授予"重庆直辖10周年建设功臣"称号。表彰决定中说，重庆直辖10年建设发展取得的巨大成就，是千千万万劳动者在各条战线共同创造的。百名建设功臣用自己的辛勤劳动创造了不平凡的业绩，以自己的实际行动赢得了社会的广泛认可，是我市3100万人民的优秀代表。邓巧娟代替父亲到现场接受表彰，代父亲披着绶带的她热泪盈眶："我非常感动。感谢党和人民对我爸爸的肯定，感谢市委、市政府又给了他那么高的荣誉！"

党和人民不会忘记自己的优秀儿女，邓平寿的事迹和精神走出了重庆，走向了全国，成为全党和全国人民学习的榜样。2007年7月初，中央组织部、中央宣传部发出通知，要求广泛开展向邓平寿同志学习的活动。通知指出，邓平寿同志是新时期乡镇党委书记的楷模，是全党同志特别是各级领导干部学习的榜样。广泛开展向邓平寿同志学习活动，对于教育和引导广大党员干部特别是农村基层干部进一步转变作风，增强群众观念，密切党同人民群众的血肉联系，加强党的执政能力建设和先进性建设，推动社会主义新农村建设，加快构建社会主义和谐社会的进程，具有重要的现实意义。通知强调，学习邓平寿同志，要学习他对党忠诚、理想坚定的政治品质，自觉用马克思主义中国化的最新成果武装头脑、指导实践；学习他心系群众、一心为民的宗旨意识，做到心里装着群众，凡事想着群众，为群众真心诚意办实事，尽心竭力解难事，坚持不懈做好事；学习他扎根基层、淡泊名利的奉献精神，正确对待自己的进退得失，坚持立党为公，不计个人名利，始终保持共产党人的浩然正气；学习他求真务实、真抓实干的工作作风，依靠群众谋发展，科学发展为群众，勇于开拓、艰苦创业；学习他秉公用权、廉洁从政的高尚情操，始终牢记"两个务必"，守得住清贫，经得起考验，正确行使人民赋予的权力，筑牢拒腐防变的思想道德防线。通知要求，各级党组织要把开展向邓平寿同志学习活动同加强领导班子和领导干部思想政治建设结合起来，同加强农村基层组织建设结合起来，着力引导和激励广大党员干部牢记宗旨，坚定理想信念，自觉践行胡锦涛同志提出的在领导干部中大力倡导八个方面良好风气的要求，始终保持共产党员的先进性，坚持权为民所用，情为民所系，利为民所谋，真正做到为民、务实、清廉。同时，要真正重视、真心爱护、真情关怀基层干部，帮助广大基层干部改善工作环境，解除后顾之忧。各级党委组织、宣传部门要对开展向邓平寿同志学习活动认真做出安排部署，增强学习活动的针对性，确保学习活动取得实实在在的效果。广大党员干部特别是乡镇干部要自觉对照邓平寿同志先进事迹和崇高精神，从思想上、作风上、工作上查找差距、明确方向，带领广大人民群众在推进社会主义新农村建设中奋发进取、建功立业，以良好的精神状态、优异的工作成绩，迎接党的十七大胜利召开。

2007年7月10日上午，由中组部、中宣部、中农办、重庆市委联合举办的邓平寿先进事迹报告会在北京人民大会堂举行，中央、国家机关有关部门和地方负责同志以及县乡基层干部代表700余人参加了报告会，由重庆市《当代党员》杂志社记者刘文娅、梁平县虎城镇中心小学教师廖情芬、邓平寿女儿邓巧娟等六人组成的报告团在北京人民大会堂举行首场报告会，介绍重庆市梁平县虎城镇原党委书记邓平寿从一个个细节入手，倾注真情爱农护农、与农民交心、倾注真爱心系家人的感人事迹。报告感人肺腑，催人泪下，会场上不时爆发出热烈的掌声。

时任中共中央政治局常委、国家副主席曾庆红亲切接见了报告团全体成员。曾庆红在即席讲话中强调，邓平寿同志以崇高的精神境界和执着的人生追求，忠诚实践"三个代表"重要思想，忠诚实践我们党立党为公、执政为民的根本宗旨，是我们党的基层干部的楷模。各级党委、政府和新闻媒体要深入宣传邓平寿同志的先进事迹，进一步营造学习先进模范人物的良好氛围，激励广大干部以邓平寿同志为榜样，坚持权为民所用、情为民所系，利为民所谋，做到思想上始终清醒，政治上始终坚定，作风上始终务实。曾庆红指出，邓平寿先进事迹的震撼力，来自于他对党的事业至忠至诚的炽热感情，来自于他与老百姓至真至纯的鱼水深情，来自于他对老人妻子孩子至孝至爱的浓厚亲情。在他身上，集中体现了新时期共产党人的精神风貌，集中体现了党的领导干部为民、务实、清廉的公仆本色，集中体现了中华民族忠孝仁爱的传统美德。他的先进事迹和崇高精神，可敬、可亲、可学。党的事业呼唤千千万万个邓平寿这样的干部，人民群众需要千千万万个邓平寿这样的干部。各级干部一定要认真学习邓平寿同志的先进事迹，学习他扎根基层、一心为民的公仆情怀，学习他脚踏实地、求真务实的工作作风，学习他艰苦奋斗、节俭清廉的政治本色，学习他大德大爱、忠孝两全的高尚情操，自觉做到为民、务实、清廉，真正做人民的公仆。

邓平寿的精神已经深入到虎城镇、梁平县乃至重庆市每一位干部、每一个人的内心深处，深深影响着每一个人的言行。时隔六年，当记者再次来到重庆，问起这里的干部群众，他们很多人都没有忘记邓平寿，都以邓平寿为重庆人的骄傲。尤其是在虎城镇，在邓平寿领导下已经过上了好日子的虎城人民，不仅对邓平寿带出来的干部队伍非常信任，而且都在自己的岗位上自觉努力，全镇干群一心，都在努力以更好的发展成就告慰他们敬爱的邓书记的在天之灵。

感动中国

★★★★★

邓平寿不仅没有随着岁月的流逝而被遗忘，反而闪耀出更加耀眼的光芒。2009 年 9 月 10 日，在中央宣传部、中央组织部、中央统战部、中央文献研究室、中央党史研究室、民政部、人力资源社会保障部、全国总工会、共青团中央、全国妇联、解放军总政治部等 11 个部门联合组织的"100 位为新中国成立作出突出贡献的英雄模范人物和 100 位新中国成立以来感动中国人物"评选活动中，邓平寿和他一直尊敬和学习的焦裕禄、雷锋等一起被评为"100 位新中国成立以来感动中国人物"，他的事迹和精神感动了整个中国。

邓平寿赢得了很多的荣誉和敬重。此前的 2007 年 12 月 6 日，"2007 人物中国"十大人物评选结果公布，邓平寿入选并排名第四位。在 2011 年 7 月 1 日召开的庆祝中国共产党成立 90 周年大会上，中组部对大庆油田党委等 500 个基层党组织、孙家栋等 50 名共产党员、王家元等 200 名党务工作者予以表彰，并追授邓平寿、方永刚等 13 名同志"全国优秀共产党员"荣誉称号。

邓平寿的事迹感动了千千万万的干部、群众。北京昌平区一位镇党委书记说，邓平寿身上体现了一位普通党员为改变农村落后面貌而付出的无止境的努力，"听了邓平寿的事迹我很受教育，也很受震撼。在他身上，体现了党的优良传统和作风与一个共产党员的高尚情操，是当前新农村建设过程中涌现的党员楷模。我一定把邓平寿的精神带回镇里的每个地方，带到领导干部和基层党员，弘扬邓平寿精神，真真正正地为百姓办实事"。梁平县一位年轻的镇党委书记说："邓书记为我们树立了光辉的榜样，他身上集聚了众多基层干部的优秀品质，他用整个人生为我们立起一根标杆。干部把百姓放在什么地方，百姓就把你放在什么位置！邓书记让我们基层干部有学头、有干头，也有奔头！"北京密云县一位干部说，邓平寿是一位好干部，一个好儿子，一位好父亲，他的身上汇集了新时期共产党人的崭新精神风貌和中华民族的传统美德，是我们党员实实在在对照学习的好榜样。一位河北的老党员说，在邓平寿身上发生的这些事迹，都不是什么轰轰烈烈的大事情，甚至有些在人们看来是小事情。邓平寿之所以能够在平凡的岗位上做出不平常的贡献，在于他在平淡小事上倾注了爱民之心，心系百姓。"在他身上，普通老百姓感受到的是贴心的温度。他走到了老百姓的心坎上、心窝里。"

邓平寿的事迹也感动了很多网民。新华网网民"往事并不如烟"在帖文中写道："很久没有被这样深深感动过了，今天读邓书记的事迹我数次流泪，不得不多次洗脸才能继续看下去。很久没有这种被平凡而伟大的人感动得痛哭流涕的体验了，平凡的人、平凡的岗位、平凡的事迹，却能产生如此多的感动，或许只因为他心系老百姓，心中真正装着入党誓词！邓平寿的精神永垂不朽！"网民"实话实说"则留言说："我一个46岁的人，父母过世时悲伤都没有流泪。而今，看了新华网关于邓平寿的报道，我流泪了！看了两小时，泪就流了两小时。是啊，一个镇党委书记，算什么官啊……但邓平寿的凡人凡事就是感天动地，能够一生爱国爱家，为党为民，把个人得失荣辱与周围的人民紧密相连，真正做到'个人生活向最低的同志看齐，全镇社会经济文化向最高的目标迈进！'实在不容易，不平凡啊！邓平寿的事迹再次雄辩地证明：个人的利益只有紧紧地与人民利益连在一起，他的生命才真正的不朽！""邓平寿这样的好干部走了，人民心痛。我们党员要做的，是把来自党的温暖，通过自身努力，化作每一位群众都能体会得到的温度。"网民"南湖之畔"呼吁说："只有做官不像官，把自己当成人民一员，才会成为人民的知心朋友，成为人民的代言人，才能在公仆的位置上和人民群众水乳交融，才会了解到百姓的疾苦，听到百姓的真心话，真正为人民所拥护。邓平寿为我们树立了一个很好的榜样，我们期待、盼望所有的领导干部都像邓平寿那样做与人民心心相印的好公仆！"网民"震撼心灵的力量"在他的博客中写道："党员干部只要深怀爱民之心，恪守为民之责，善谋富民之策，多办利民之事，何愁不得民心，不聚人力，不受爱戴？"网民"山东人耿直"更是认为："我们呼唤、我们期盼更多像邓平寿这样不像官的干部涌现出来，这是实现中华民族伟大振兴的需要，是党和人民之福，更是中国共产党人对世界的伟大贡献！"

很多大学师生也被邓平寿的事迹所感动。西南大学文学院研究生孙楚航在网上看到有关邓平寿的事迹后落泪说："大德无碑，这样把老百姓放在心坎上的基层干部让人肃然起敬。谁的心里装着老百姓，老百姓就把谁刻在心上。"中国社会科学院研究生院的一位博士生感动地说："头上没有耀眼的光环，但在人民心中却竖起了一座丰碑，邓平寿的事迹让我们进一步坚定了对党和国家的信心。无论是不是领导干部，也不管是不是共产党员，我们都应该努力向邓平寿学习，让我们的人生变得更有意义！"西南政法大学的一位教师说，邓平寿是新时期基层干部的楷模，也是一面"镜子"。领导干部可以从他的事迹中受到启发："怎样才能得到群众的拥护,怎样才能和群众心连心。"

➜ 时代榜样

★★★★★

2007年7月15日,习近平同志在会见邓平寿先进事迹报告团成员时指出,邓平寿同志是新形势下基层干部的杰出典型,是新时期共产党员的优秀楷模。他三十年如一日,始终扎根基层,节俭清廉,生命不息,奉献不止,用毕生精力和朴实言行,实践了立党为公、执政为民的根本宗旨。在他身上,集中体现了新时期共产党人的精神风貌,集中体现了党的干部为民、务实、清廉的公仆本色,集中体现了中华民族的传统美德。几年过去了,在全党大力加强党的纯洁性、先进性和执政能力建设的今天,邓平寿的事迹和精神具有更重要的时代价值,是我们广大党员干部学习的时代榜样。

重庆人民正在以邓平寿为榜样建设自己的美好家园。2009年4月3日上午,邓平寿雕像落成典礼及揭幕仪式在梁平县石马山公园举行。雕像为邓平寿同志的坐式全身像,材质采用铸铜,高2.8米,基座为黑色大理石。草鞋、草帽、挽起的裤脚等细节,富有强烈的艺术感染力和视觉冲击力,再现了邓平寿深入基层、关心百姓疾苦的感人场景。梁平县和周边很多县区的党员干部参加了落成典礼,纷纷表示要以邓平寿为榜样,真正全心全意为人民服好务。

"邓书记,虽然你已经累倒了,但你永远不会离开我们!走在你带着我们修好的水泥路上,我们会想起你；在网上看到你的照片，我们会想起你；看到家里床头贴的从杂志上剪下来的你的照片，我们还会想起你……你永远活在我们心里！"很多年没有流泪的我终于哭了一次，因为感动，更因为自豪和惋惜。邓书记是一个为了信仰和理想而战的人，他付出了一生，不求人们记住他一个字，只愿人们懂得一个理：共产党好。他是我的好同志、好榜样，更是我们民族的脊梁，是我们党和国家的骄傲，我们应该永远记住他，所有的共产党员都应该向他学习！"这是新华网网民"百姓盼国强"、"我是共产党员"分别在新华社记者朱继东的博客上的留言，在网络上引起强烈共鸣。山东话剧学院年近60多岁的金惠群老师泣不成声："我到全国各地演出过，只在重庆梁平县虎城镇看到了一个这样的干部，我一直对我爱人说，邓平寿是孔繁森似的好干部……他是累死的啊！"虎城镇不少村干部和村民说，为了永远记住邓书记，他们很多人自己把报纸、杂志上刊登的邓书记的照片剪下来，有的直接贴在家里，有的用相框装起来挂着，几乎每家都是放在最显眼的位置——客厅正中间或者床头等地方，"这样我们就可以常常看见邓书记，有什么可以和他说说，感觉就好像还活在我们身边！"这些话代表了很多人民群众的心声，也是他们的期待。

死亡对于一个高尚的灵魂是一次新的升华，犹如夜空上划过的流星，为这个世界留下最后的温暖与光芒……正如新华网网民"青山绿水"留言中所说："让我们一起彻底地痛哭一次，为了一位人民的好书记英年早逝而痛哭！悲伤是最自然的表达，表达了我们对邓书记的缅怀、爱戴和敬重，他的离去是我们党和人民的一大损失，但他的精神却永远活在我们心中。让我们再送邓书记一程吧，虽然在我的心目中他永远不会离去！""老百姓，朴实语，邓平寿，好书记。爱人民，知民意，想百姓，急民急……作风上，讲严厉，生活上，档次低。高尚人，邓书记，忍离去，群众泣。"这是网友刘志华在网上发表的《怀念邓平寿同志歌》，也是与他素不相识的人们对这位优秀党员干部的公正评价。

一个人在人民群众心中地位如何，是留下骂名还是立起一座永不磨灭的丰碑，不用去问，不用去刻意追求，看一看那万人空巷的场景，听一听百姓那发自内心的哭泣声，瞧一瞧那朵朵白花编织成的"海洋"，便深知邓平寿、焦裕禄、杨善洲等优秀的党员领导干部在人民群众心中的分量。

这也是直到今天，还有越来越多的人怀念、学习他们的重要原因，这是一个时代的呼唤。

正如习近平同志所说，邓平寿同志的先进事迹是加强党的先进性建设的重要教材。我们要学习他全心全意为人民服务的宗旨意识；淡泊名利、克己奉公的崇高品质；扎根基层、求真务实的优良作风……广大党员、特别是各级领导干部要以邓平寿同志为榜样，坚持权为民所用，情为民所系，利为民所谋，高度关注民生，深入了解民生，切实保障民生，努力实现好、维护好、发展好最广大人民的根本利益。党的十八大报告中指出："全党必须牢记，只有植根人民、造福人民，党才能始终立于不败之地。"面对世情、国情、党情发生的深刻变化，特别是在面临长期执政、改革开放、市场经济和外部环境"四大考验"，面临精神懈怠、能力不足、脱离群众、消极腐败"四大危险"的严峻形势下，我们所有的党员干部都应该重温入党誓言，认真向邓平寿学习，以邓平寿为镜子对照自己的言行，大力加强纯洁性、先进性建设，一切从人民的利益出发，在全心全意地为人民服务中实现自己的人生价值。

后 记

永远的榜样

"人总是要死的,但死的意义有不同。中国古时候有个文学家司马迁说过:'人固有一死,或重于泰山,或轻于鸿毛。'为人民利益而死,就比泰山还重;替法西斯卖力,替剥削人民和压迫人民的人去死,就比鸿毛还轻。张思德同志是为人民利益而死的,他的死是比泰山还要重的。"这是毛泽东同志1944年在其著名的《为人民服务》中的一段话,虽然已经时隔将近70年,但感觉这段话就是写给邓平寿的。邓平寿就是为人民利益而死的,他的死是比泰山还要重的,所以人民永远不会忘记他。这也表明,邓平寿不仅把《为人民服务》牢记心中,而且始终以此作为自己的行动指南,成为新时期为人民服务的楷模。

从事新闻工作近20年,我采访过很多先进人物、时代榜样,邓平寿是最让我难忘的几位楷模之一,也是我学习的榜样。那是2007年6月初,我作为中宣部派出的中央新闻采访团成员之一,专程来到梁平县和虎城镇,在那里待了一周时间深入采访邓平寿的先进事迹。那些天里,我每天走访邓平寿的家人、同事、朋友,和那些曾被邓平寿帮助过的村民、企业家、学生交流,沿着邓平寿曾经走过的道路重新体验……几乎每一天,我都处在深深的感动之中。尤其是当我走进邓平寿的办公室、宿舍和家中,面对他年迈的母亲、淳朴的爱人、痴傻的哥哥和坚强向上的女儿的时候,我的泪水一次次涌出,觉得写好邓平寿这篇大文章是自己的责任,向全社会宣传好邓平寿的事迹和精神是自己的责任。在采访的一周时间里,我白天采访,好几天晚上也在采访,回到宾馆就熬夜整理采访笔记,梳理写作思路,并坚持每天写一篇关于这次采访的博客。

回到北京之后,我马上全身心投入到了稿件的写作之中,并准备制作邓平寿事迹的专题在新华网推出。我先后陆续发表了《"泥脚书记"邓平寿:用生命铸就"忠诚"》、《悲伤不是你的选择——写给邓平寿女儿的一封信》、《新华时评:中国需要更多像邓平寿这样不像官的干部》、《邓平寿事迹感动网民:一个死了还活着的人!》等多篇报道,并在新华网推出了以《"泥脚书记"邓平寿:用生命铸就"忠诚"》为题的专题报道,产生了强烈反响,很多人给我留言、来信、来电，表达对邓平寿的崇敬之情，感谢我的报道让他们的人生多了一个榜样，感谢邓平寿用自己朴实的言行让更多人对社会和未来更加充满信心。

中国共产党是代表人民执掌政权的，党的全部活动都是为了保护和实现广大人民群众的利益。正如毛泽东同志所指出："全心全意地为人民服务，一刻也不脱离群众；一切从人民的利益出发，而不是从个人或小团体的利益出发；向人民负责和向党的领导机关负责的一致性；这些就是我们的出发点。"这是每一位党员干部都应该牢记的，为人民掌权，向人民负责，为国家图富强，为群众谋利益，和最广大人民群众保持密切的联系，这是我们党区别于其他政党的一个显著标志，是中国共产党的最大政治优势和优良传统。一直坚持要"做毛主席的好学生"的邓平寿，正是时刻牢记为人民服务的根本宗旨，时刻把人民放在心中最重要的位置，为人民干事，向人民负责，赢得了虎城人民的拥护和爱戴。

江泽民同志在庆祝中国共产党成立70周年大会上的讲话中指出："我们党取得执政地位以后，获得了更好地为人民服务的条件，也增加了脱离群众甚至腐败变质的危险。在改革开放和发展商品经济条件下，这种危险会更大，如果放松警惕，带来的后果也会更严重。"作为一名党员干部，面对多元的利益、多样的观念、多变的思想，邓平寿同样也面对着很多诱惑和考验，但他始终站在党的生死存亡的高度，自觉地做到掌权为民，诚心诚意地当人民公仆，牢记"不能以权谋私，不能为了谋取个人利益和小团体利益而损害国家和人民利益。否则，就违背了党的宗旨，就没有资格做一名共产党员"。用自己的生命践行了对党和人民的承诺，忠诚实践了我们党立党为公、执政为民的根本宗旨，是我们全体党员干部尤其是基层干部的楷模。

"人民对美好生活的向往，就是我们的奋斗目标。"而要实现这个奋斗目标，就需要一支像邓平寿那样全心全意为人民服务的干部队伍，才能真正使人民过上更加幸福美好的生活，实现中华民族伟大复兴的"中国梦"。

每个时代都有每个时代的骄傲和榜样，在全党大力加强党的纯洁性、先进性和执政能力建设的今天，邓平寿的事迹和精神具有更重要的时代价值。正如习近平同志所指出，邓平寿同志是新形势下基层干部的杰出典型，是新时期共产党员的优秀楷模。因此，广大党员、特别是各级领导干部要以邓平寿同志为榜样，认真学习他全心全意为人民服务的宗旨意识，淡泊名利、克己奉公的崇高品质，扎根基层、求真务实的优良作风，牢记十八大报告提出的"八个必须坚持"，争取早日实现"两个百年目标"，把我们的祖国真正建设成一个伟大、富强、文明、美丽、和谐的现代化的社会主义国家。

正因为如此，2013年初接到吉林文史出版社王尔立副总编约稿的电话后，尽管手头的事情很多，有的还很重要、很紧急，但我还是答应了下来。也许是心灵感应，因为换了几次电脑的缘故，这些年采访的很多人物的资料都找不到了，但6年前采访邓平寿的材料却被幸运地完整保存了下来，并几经曲折被找到了。再加上我这几年在中国社科院研究生院攻读马克思主义发展史专业的博士，并兼任了中国社会科学院国家文化安全与意识形态建设研究中心副秘书长、世界社会主义研究中心常务理事等社会科学研究职务，多次应邀到各地举行党建、意识形态建设等方面的讲座，使得我对邓平寿的所思所想、所作所为有了更深刻的了解，更从内心深处认可他、敬重他，把他作为自己人生的榜样之一。

一个多月来，在繁杂的工作、学习的同时，我抽出一切可能的时间来写作这本书，每个周末、节假日包括蛇年的春节假期也一直在忙于这本书的写作。在写作过程中，参考了中共中央宣传部、重庆市委组织部、重庆市委宣传部、梁平县委宣传部和虎城镇党委、政府提供的大量文字、图片材料，参考了当年一起去采访邓平寿事迹的中央新闻采访团其他成员以及《当代党员》杂志社等重庆市有关新闻出版单位的相关素材的报道，这里一并表示感谢。同时感谢我在中央电视台工作的爱人李晓梅和在北京实验二小读书的爱女朱丹彤，她俩一位作为栏目主编事情繁多，一位正在最后修改自己马上要出版的长篇小说《猫之女》，却都心甘情愿、不辞辛苦地为我审读书稿，并提出了很好的修改意见。把邓平寿这位非常值得学习的、领导干部的好榜样更好地推向全国，让更多人了解他的事迹、学习他的精神，这是我们大家共同的心愿。

邓平寿是一位好干部，一个好儿子，一位好父亲，我很喜欢他的一句话——"做官一阵子，做人一辈子。"这里与大家共勉，让我们一起宣传好邓平寿的事迹，弘扬好邓平寿的精神，以实际行动向我们永远的榜样邓平寿学习！

朱继东

2013年2月于北京

100位

新中国成立以来感动中国人物

丁晓兵　马万水　马永顺　马恒昌　马海德　中国女排五连冠群体

孔祥瑞　孔繁森　文花枝　方永刚　方红霄　毛岸英

王　杰　王　选　王　瑛　王乐义　王有德　王启民

王进喜　王顺友　邓平寿　邓建军　邓稼先　丛　飞

包起帆　史光柱　史来贺　叶　欣　甘远志　申纪兰

白芳礼　任长霞　刘文学　刘英俊　华罗庚　向秀丽

廷·巴特尔　许振超　达吾提·阿西木　邢燕子　吴大观

吴仁宝　吴天祥　吴金印　吴登云　宋鱼水　张　华

张云泉　张秉贵　张海迪　时传祥　李四光　李春燕

李桂林和陆建芬夫妇　李素芝　李梦桃　李登海　杨利伟

杨怀远　杨根思　苏　宁　谷文昌　邰丽华　邱少云

邱光华　邱娥国　陈景润　麦贤得　孟　泰　孟二冬

林　浩　林巧稚　林秀贞　欧阳海　罗映珍　罗健夫

罗盛教　草原英雄小姐妹　赵梦桃　钟南山　唐山十三农民

容国团　徐　虎　秦文贵　袁隆平　钱学森　常香玉

黄继光　彭加木　焦裕禄　蒋筑英　谢延信　韩素云

窦铁成　赖　宁　雷　锋　谭　彦　谭千秋　谭竹青

樊锦诗

图书在版编目（CIP）数据

邓平寿 / 朱继东著. -- 长春：吉林文史出版社，
2012.12（2022.4重印）
（100位新中国成立以来感动中国人物）
ISBN 978-7-5472-1389-6

Ⅰ．①邓… Ⅱ．①朱… Ⅲ．①邓平寿（1955～2007）
－生平事迹－青年读物②邓平寿（1955～2007）－生平事
迹－少年读物 Ⅳ．①K827=76

中国版本图书馆CIP数据核字(2013)第001533号

邓平寿

DENGPINGSHOU

著/ 朱继东

选题策划/ 王尔立　责任编辑/ 王尔立　李洁华　任玉茗

装帧设计/ 韩璘

出版发行/ 吉林文史出版社

地址/ 长春市福祉大路5788号　邮编/ 130118

电话/ 0431-81629363　传真/ 0431-86037589

印刷/ 天津海德伟业印务有限公司

版次/ 2012年12月第1版 2022年4月第4次印刷

开本/ 640mm×920mm　1/16

印张/ 9 字数/ 110千

书号/ ISBN 978-7-5472-1389-6

定价/ 29.80元